Née à Paris,
journaliste
dant vingt-c
vains, dans cet hebdomadaire, devinrent célèbres. Un livre les a réunis : Les Ecrivains en personne. *Madeleine Chapsal est aussi l'auteur de plusieurs romans :* Un Eté sans histoire *(1973),* Je m'amuse et je t'aime *(1974),* Grands cris dans la nuit du couple *(1976),* Une Femme en exil *(1978) et* Divine Passion *(1981). Son œuvre est une recherche approfondie sur la femme d'aujourd'hui, femme aimée et amoureuse, femme aimante et douloureuse, femme libre dont la liberté n'est pas si facile à vivre. Elle a également écrit des essais :* Vérités sur les jeunes filles *et* La Jalousie, *à partir d'enquêtes, et des textes de films :* Mourir à Madrid, La Fête sauvage, Le Temps du ghetto.

Pour la première fois, Isabelle, divorcée d'un mari lointain, connaît avec Pierre une passion qu'elle vit avec toute l'intensité de sa nature exigeante et douloureuse. Elle souffre car Pierre, quadragénaire plein de charme, est un don juan doublé d'un « gougnaffier »; il raconte ses succès et ses conquêtes à une Isabelle épuisée. Oppressée, elle décide de se libérer, « de traverser sa douleur, de se rendre au-delà de l'amour ». Il y a eu son mari, il y a eu Alain, Louis, Bernard, les souvenirs reviennent, harcelants, emmêlés. Son histoire avec Pierre n'est qu'une suite de crises, de ruptures, d'ardentes retrouvailles. Au désespoir succède la joie quand il revient, la langue de Madeleine Chapsal devient alors crue, directe, violente dans les sentiments comme dans la sexualité. Elle sait aussi dire la tendresse, l'émotion du désir. Utilisant tour à tour le monologue et les dialogues pleins d'apartés, l'auteur dévoile peu à peu sur quelle complicité et quelle étrange jouissance s'instaurent les rapports d'une femme amoureuse avec un homme infidèle.

MADELEINE CHAPSAL

Un Homme infidèle

GRASSET

Pour cet homme.

« Un roman, c'est une reine qui a des malheurs. »

(Jean Cocteau citant sa concierge.)

I

« Mon amour, mon amour. » La femme marche vite, serre à deux bras son manteau contre son corps, les poings calés sous les aisselles, les épaules remontées comme pour s'y terrer. Elle s'étreint, s'embrasse elle-même et n'en tire, semble-t-il, aucun réconfort.

D'autres mots lui viennent à l'esprit, « poix liquide », « ignominie », mais ses lèvres, qui bougent toutes seules comme celles des enfants et des fous, continuent à murmurer : « Mon amour, mon amour. »

Les yeux rivés au sol, elle ne regarde pas les passants qu'elle croise ou dépasse, toute à sa douleur qui est aussi de la fureur.

Retrouvera-t-elle jamais la parole, son mouvement confiant vers les autres et la parole ?

C'est ce que cet homme lui a fait de pire, se dit-elle en accélérant le pas, comme si marcher au hasard c'était forcément le fuir. C'est cela qui est impardonnable et qui ne lui sera pas pardonné ni par elle, ce dont il se moque, ni surtout par le destin : d'une façon ou d'une autre tout crime se paie un jour à son prix le plus lourd.

Celui-là qui partage depuis quelque temps sa vie, son amant, parce qu'elle ne s'est pas défendue quand il en était encore temps, parce qu'elle l'a laissé faire, par inconscience, par générosité, puérilité aussi, une sorte d'enfantillage inexcusable alors que le plus grave et le plus fragile de l'être est en jeu, a tué la parole en elle.

L'a rendue muette. Ou presque, puisqu'elle murmure, psalmodie encore.

En fait, il l'a dégradée, dégénérée, réduite à l'état de ces vieillardes qui répètent toujours la même chose, égrènent mécaniquement un chapelet.

Car Isabelle se voit, s'entend radoter : « Mon amour, mon amour. »

Et plus elle se voit — elle ne peut pas ne pas se voir, l'esprit lucide, aiguisé, furieux, même si sa chair et son cœur sont brisés — plus elle leur en veut à tous les deux, à elle-même comme à Pierre.

Elle ne se vengera pas — conduite trop habituelle aux êtres trompés — elle va faire pire : elle « traversera ».

Elle va traverser cette douleur et se traverser elle-même.

Aller là où ne parviennent jamais les femmes que les hommes martyrisent, humilient, trompent. Là où ne va jamais aucune femme car toutes restent en chemin : elle va se rendre de l'autre côté de l'amour.

Non pas en deçà, mais au-delà. Non pas sortir de l'amour — ce qui la dessécherait et leur ferait, lui ferait trop plaisir, et qui serait s'avouer vaincue — mais dépasser l'amour.

Elle ne sait pas encore comment elle va s'y prendre, mais elle sait qu'elle trouvera. C'est sûr.

« Le génie, dit Simone de Beauvoir, c'est la solution qu'on invente quand tout est désespéré. »

C'est exactement son cas, en ce moment : elle est trop désespérée pour ne pas avoir du génie.

La femme est devant les jets d'eau des jardins du Trocadéro, face à la Seine et au Champ-de-Mars que domine la grande ombre tutélaire de la tour Eiffel. Ce gigantisme insolite la ramène à l'enfance, aux jouets, à son besoin d'être protégée.

Avec ses quatre pattes bien écartées et solidement plantées dans le sol, sa toute petite tête flexible et haut perchée, l'immense ferraille lui fait l'effet d'une girafe, tendre et fragile ainsi que le sont toutes les girafes, et d'ailleurs tous les êtres dont une partie du corps est démesurée.

Elle, c'est le cœur qu'elle a démesuré.

Damn it !

Elle est contente d'avoir juré, comme si c'était le signe qu'elle commençait à regagner des forces, un peu de virilité.

Elle veut en profiter pour souffler, s'asseoir sur l'un des murets de pierre qui bordent les jardins en terrasse, face aux jets d'eau. Mais n'y parvient pas.

Ses jambes refusent de plier aux genoux, comme si elle n'avait plus d'articulation à cet endroit-là.

Elle s'entend rire : ainsi son corps refuse de plier ! de se reposer ! d'aimer !

Elle le reconnaît bien là ! Il refuse de jouir d'être un corps. De jouir. Ah ! oui, jouir !

A nouveau l'éclatement de la douleur comme une étoile de feu d'artifice dans un ciel sombre, puis tout s'amenuise en petits traits vifs qui s'effacent un à un, la laissant encore plus raide, tout enténébrée.

Le cri des enfants qui jouent sur leur planche à roulettes monte jusqu'à elle et elle s'étonne de ne plus être émue par le cri des enfants.

Il lui rappelle pourtant le son qui la touche le

plus au monde, le cri strident des mouettes sur la falaise, lorsqu'il vous tire hors de vous-même, vous entraîne vers le départ, le voyage sans retour, l'immensité et qu'on quitte pourtant pour redescendre vers la plaine, rentrer vers l'hôtel, la maison, le dîner, le lit chaud sous la couette normande, la caresse familière, en comprenant bien que l'on trahit, se trahit, heureux et couard, sachant qu'on l'est.

Elle n'est pas émue non plus par le ballet sublime des jets d'eau, qui depuis des siècles et des siècles transporte le regard humain, le civilise.

Est-ce parce qu'elle-même est pétrifiée intérieurement ? mais elle n'éprouve aucune joie devant l'ascension triomphante de l'élément liquide, les milliards de gouttelettes irisées, arrêtées dans leur chute et ramenées vers le haut par les suivantes, symbole étincelant de l'âme qui monte et va s'épanouir sous la voûte céleste, dans un défi souverain aux lois de notre pesanteur.

Tiens, son mysticisme qui la reprend !

Comme reviennent machinalement, dès qu'on souffre trop, les gestes pour pousser la porte d'une église, tomber à genoux.

Mais si sa pensée fonctionne sans répit, tout le reste de son être, cœur y compris, lui semble devenu pierre, caillou, l'inverse justement d'une fontaine.

« C'est normal, se dit-elle presque à voix haute, je suis anesthésiée. Mieux vaut d'ailleurs, car si je ne l'étais pas, il suffirait que j'imagine... »

Et à nouveau elle les voit sur ce lit.

Non, pas sur un lit, quand on en est à se chevaucher sur un lit c'est qu'on est déjà entré dans la phase active, celle où l'on s'occupe à tuer le désir :

le réaliser, c'est-à-dire le diminuer, l'effacer, s'en sortir, pour bientôt, parfois, le vomir.

Non, ce qui provoque la souffrance la plus aiguë, la plus intolérable, c'est l'idée du premier trouble.

L'instant où il a dû la regarder sans que la fille, quelle qu'elle fût — et Isabelle ne sait pas, ne veut pas savoir qui elle est, c'est une fille, c'est tout, une fille comme elle, avec les mêmes désirs qu'elle, le même appétit de jouissance folle —, se soit aperçue que cet homme la regardait, sans comprendre encore qu'il avait envie d'elle.

Lui-même ne s'en doute probablement pas à ce tout premier regard-là.

C'est elle, seulement, Isabelle, qui sait que déjà son regard à lui commence de s'engluer sur des seins, des jambes, croyant apprécier, jauger, estimer, en fait désirant déjà.

Et l'autre femme, en face de lui, sans se dire qu'il s'agit de désir fou comme est toujours fou le désir entre deux inconnus, a seulement senti, pressenti qu'il la regarde et qu'il la regarde surtout quand elle ne le regarde pas.

Alors commence le jeu, l'éternel jeu des amants qu'Isabelle connaît si bien, car il lui semble, depuis qu'elle est toute petite, qu'elle a toujours su, bien mieux, bien plus fort, bien plus passionnément que les autres, ce que sont les jeux de l'amour.

Et qu'elle ne vit, ne vivra que pour s'y livrer un jour jusqu'au bout.

Et au moment même où ces deux-là le vivent, ce désir, c'est encore elle qui sait mieux qu'eux, elle en est sûre, ce qui se passe entre eux et ce qu'ils ressentent.

C'est bien cela le pire ! L'événement stupide qui, en ce moment où elle a tout de même fini par s'asseoir sur le muret du jardin, face aux jets d'eau, la rend folle.

Oui, elle est une femme qui se sent devenir folle, calmement, les deux mains sur son sac, par un après-midi de printemps parisien, sans cris, sans scandale, ne troublant d'aucune façon ce qu'on appelle si élégamment l'ordre public.

Les amants — elle les voit, elle y est, elle y a toujours été en tiers exclu — s'abandonnent à l'amour avec beaucoup d'indifférence au fond du cœur, du corps, une sorte de passivité.

Le restaurant, le spectacle, les auraient finalement plus amusés que les pièges et les mécanismes du désir ! Comme ces nouveaux mariés en séjour à Venise, dans la poignante chanson d'Edith Piaf — et c'est une autre qui vit de loin, délirante et déchirée, l'histoire de leur voyage de noces.

Sans qu'eux-mêmes se disent, sachent, se doutent — serait-ce les mépriser que les croire si absents à ce qu'ils font, ou simplement se montrer réaliste ? — à quel point le désir est un sentiment admirable, infiniment plus grand que ceux qu'il habite, infiniment sauvage et tout-puissant, comme le crime.

Puis tout à coup leurs regards se croisent — et en continuant de se laisser aller à son cinéma, jusqu'aux ultimes images de son film, celles que vous dérobe d'habitude une autocensure avisée, la femme achève de se meurtrir et d'une certaine façon de faire leur jeu, celui de cet homme en tout cas, mais plus rien ne peut la retenir car il lui faut, comme dans toutes les passions, en finir — leurs mains se frôlent et la liaison se noue.

Quand ? Où ?

Isabelle peut imaginer bien des heures, bien des lieux de rencontre, d'abord sous le prétexte du travail, puis de l'échange d'idées, puis tout simplement de se voir.

« On a bien le droit d'avoir des amies, lui a-t-il dit quand elle s'est permis de le questionner sur ses absences, de s'inquiéter de ses retards, tu ne veux quand même pas que je ne voie jamais d'autres femmes que toi ! »

Et à l'interrogation apeurée du sien il a répondu par un regard sévère dont elle sent encore le poids, comme elle perçoit encore la pointe d'exaspération hautaine de sa voix qui explique, décortique, juge, du ton dont on fait la leçon à un enfant trop exigeant pour avoir été trop gâté :

« Il y a quand même d'autres univers que le tien ! C'est asphyxiant de vivre avec toi ! D'ailleurs tout le monde s'en est aperçu. C'est bien simple, quand tu es là, plus personne n'ose me téléphoner... »

Alors, se dit-elle, lui et l'autre fille ont senti — mais est-ce eux qui ont senti, ou leur corps ? ou le temps écoulé entre eux ? — que l'heure était venue et que la seule chose dont il s'agissait désormais c'était de trouver au plus vite un lit, une chambre — et quand on est dans cette impatience, ce désir-là, n'importe quoi fera l'affaire, une chambre de passe, un divan chez des amis absents, une voiture garée, un bout de pré, de champ, de forêt, un pan de mur.

Ultime instant d'hésitation, de pudeur, de réserve, avant de se dire : « Tu viens ? » ou : « On y va ? »

Ou c'est l'homme qui propose : « Vous n'avez pas une minute à perdre ? », l'air de ne pas y toucher, attendant qu'on soit bien troublée pour y toucher...

Invite que Pierre a formulée à Isabelle exactement en ces termes, au début de leur rencontre, et il suffit qu'elle pense à ces premiers instants pour que le désir lui monte encore au ventre.

Alors il a dû s'approcher de la fille — et rien maintenant ne peut plus empêcher cette femme de se poignarder elle-même, jusqu'à la garde, avec les images de son amant en plein délire avec une autre — car dès qu'on a dit ces mots-là on se rapproche, on se hâte, comme s'ils étaient trop incandescents pour qu'on puisse longtemps supporter leur éclat, il faut les éteindre, les étouffer entre deux corps.

D'ailleurs, comment attendre ?

Dans ses propres moments d'émotion intense, la femme se sent fauchée par un désir tel qu'elle ne peut imaginer la rencontre amoureuse autrement que dévorante.

Il serait beau, pourtant, une fois les mots du désir prononcés, de les laisser se propager sans réagir aussi loin qu'ils peuvent courir, comme les cris des mouettes, les hurlements sauvages des loups, mots qui transpercent, entraînent justement là où on ne veut pas aller, dans le voyage sans retour, à l'extrême bout de soi-même, aux confins de la vie vivante.

Mais on se précipite contre la peau de l'autre, pour y écraser la violence de son élan vers la fuite, s'y enchaîner, s'anéantir.

A ce moment-là, il a dû rapprocher sa tête du cou de la fille et l'y nicher en reniflant un peu pour la respirer, comme il sait si bien faire, prétendant chercher — et trouvant en effet — son odeur, l'odeur intime et chaque fois si singulière d'un corps qui désire.

Et la douleur la traverse à nouveau mais cette fois sans limites et sans fin.

Douleur tellement effroyable, tellement gigantesque que ses yeux s'ouvrent plus larges, sans qu'elle émette un cri, tandis que quelque chose craque définitivement en elle.

Elle l'entend très distinctement cet intense et prodigieux craquement, un bruit venu du fond du monde comme le roulement du tonnerre ou du tremblement de terre, et elle se demande où il a lieu.

Ça n'est pas dans ses os, ni dans son cœur, ni dans son corps que cela se produit, même si le bruit est réellement venu à ses oreilles, alors où ?

Dans sa pensée ? dans son esprit ? dans le langage ?

Le langage peut donc craquer en un audible et abominable fracas ?

Le ravage en tout cas est si grand, la destruction intérieure si féroce, comme une ville, une région brusquement submergées par un raz de marée, qu'elle ne songe même plus à mourir.

Pour mourir, il faut se sentir diminuer, disparaître, ne plus être qu'un petit point dans l'espace, prêt à s'effacer.

Mais quand la douleur occupe tant de place, quand le phénomène prend une telle ampleur, quand le domaine dévasté apparaît aussi étendu que la terre — car c'est le monde entier et toutes ses galaxies qui soudain se fracassent — on ne peut pas disparaître, comment pourrait-on disparaître ? Où se cacher ?

Même la mort n'est plus une cachette.

La mort aussi est devenue inhabitable, tout à fait insuffisante.

Isabelle se relève et demeure là : une jeune femme plantée sur ses deux pieds, les bras croisés comme si elle avait un peu mal à l'estomac, ou un peu froid, considérant, semble-t-il, les drôles de bassins du Trocadéro et leur style 1930, peut-être plus tardif encore, marqué par l'architecture allemande, le monumental nazi, avec au loin la paisible, si familière et rassurante tour Eiffel, qui écarte les pattes comme pour se pencher vers la Seine et bcire un peu de son eau.

Et on pourrait croire, se dit-elle, se considérant elle-même, se plaignant et se détestant d'avoir à se plaindre, qu'elle se fait des réflexions de touriste et d'un instant à l'autre va sortir un petit carnet pour prendre des notes, ou encore qu'elle médite déjà sur les cartes postales à envoyer « back home », car elle ne saurait être une Parisienne, jamais les Parisiennes ne viennent s'immobiliser en plein après-midi face à la tour Eiffel.
A moins qu'elle ne soit une hippie, comme tant d'autres qui fréquentent le coin.
Mais Isabelle n'est pas une hippie, elle est une « dame », une personne bien élevée, bien éduquée, cela se voit, se hume, et si elle a le cœur brisé c'est son affaire, une affaire de bourgeoise sans grande importance, sauf évidemment pour elle.
Oui, son affaire de cœur n'est qu'un minable grain de sable parmi les milliards d'autres affaires qui se brassent à tout instant dans Paris et dans le monde et vers quoi courent comme des folles, exaspérées d'être par moments contraintes au sur-

place, à la lenteur, les millions d'automobiles roulant vers leurs buts, alors que cette femme si immobile ne va vers rien, c'est manifeste.

Tout au plus risque-t-elle, bientôt, lorsqu'elle se remettra en marche, de gêner un peu la circulation, l'activité citadine, urbaine, l'échange fructueux des idées, des projets, de l'argent, des aventures au besoin, ce flot constant et en apparence si bien organisé, si bien réglé par les feux de la circulation, auquel, se dit-elle pour achever de se tourner, elle et sa peine, en dérision, Pierre appartient de droit, par innocence virile et par machisme.

« Tu fais bien des histoires pour pas grand-chose ! J'oublie à quel point tu fantasmes ! Quelle imagination, tu devrais écrire des romans, tu as vraiment une âme de romancière... »

« Salaud », murmure Isabelle qui, en effet, écrit parfois ce qui peut apparaître comme des textes romanesques, « salaud ! » et les larmes se mettent à couler sur ses joues sans que son visage se convulse, comme échappées à ce vase à chagrin que nous portons tous en nous et qui parfois déborde.

A cause du chatouillement, elle a envie de les essuyer, cherche quelque chose, un mouchoir — elle n'en a jamais sur elle, il lui prête toujours le sien —, ne trouve que ses gants noirs, s'en frotte le visage d'un coup, espérant qu'ils ne vont pas déteindre, quoique après tout elle s'en foute, comme elle se fout de pleurer en public, dans la rue, aux yeux de tous, si personne n'y prend prétexte pour lui adresser la parole.

Elle se souvient d'avoir une fois adressé ainsi la parole à une fille qui pleurait sur un banc des

Champs-Elysées, et elle s'était sentie drôle, ce faisant, comme si ça n'était pas son rôle mais celui d'un homme de consoler les filles de son âge qui pleurent dans la rue.

En même temps, et peut-être justement à cause de la virilité dont avait témoigné son geste, elle s'était trouvée fière de son audace, et vexée tout de même car la fille ne lui avait pas répondu, elle n'était pas parvenue à en tirer un mot.

S'agissait-il d'une histoire d'avortement ?

Isabelle serre son sac contre sa poitrine, son ventre, ce vieux sac défraîchi dont elle n'arrive pas à se séparer — « comme les clochards de leur balluchon », se dit-elle les jours où elle a envie de se moquer d'elle-même, mais aujourd'hui elle n'en a pas la force, même pas celle de se sourire intérieurement.

Car elle commence à être fatiguée.

Et c'est cela le plus affreux de tout.

Lasse de cette tension sans répit où elle vit depuis le matin, depuis qu'elle a eu la certitude, à partir de quelques mots, que cet homme lui a dits au téléphone, de ses explications embarrassées et de mauvais aloi, que c'est fait, qu'il la trompe.

Oui, il la trompe.

A nouveau, la femme est debout, agitant les mains devant elle comme pour écarter des rets invisibles.

Mais cette fois, elle ne veut plus de la douleur, et elle se met en mouvement pour la chasser : un pas dans un sens, un pas dans l'autre, puis tout droit.

Cela veut dire — ses jambes l'ont su avant elle qui ont fini par prendre la bonne direction — qu'elle rentre chez elle.

Là où il y a peut-être des nouvelles.

Des nouvelles de lui.

Qui sait s'il n'a pas cherché à la joindre ?

La femme a comme un cri muet, serre plus fort son sac contre son corps, hâte le pas. Se voit faire et se désespère : voilà bien comme elle est ! Se précipiter pour recevoir de nouveaux coups !

Mais elle peut bien se dire tout ce qu'elle veut, maugréer, se morigéner, elle qui tout à l'heure croyait avoir perdu l'usage de la parole est maintenant prête à balayer n'importe quel obstacle sur son passage, en criant : « gare à vous », d'un ton de cocher ou comme on klaxonne, dans toute l'impatience de sa fureur et de son exigence revenues.

Elle a peut-être mal compris ce que son amant lui a dit au téléphone.

Si souvent Pierre s'est plaint de son penchant à ne retenir de ses propos que ce qui va la blesser, les opposer.

Hier encore : « On dirait que tu le fais exprès, tu n'entends que ce qui t'arrange, ce qui va te faire mal ! C'est dur de parler avec toi, il faut tout le temps faire attention... Tu interprètes et même tu inventes ! »

Pour finir par cette joliesse : « Tu donnerais envie de te tromper rien que pour te donner raison ! »

L'a-t-il trompée ? Ou est-ce une façon insidieuse de préparer le terrain qui lui permettra de lui déclarer un jour : « Si je t'ai trompée c'est ta faute, c'est toi qui m'en as donné l'idée avec ta jalousie ! Tu n'as à t'en prendre qu'à toi-même ! »

C'est vrai aussi qu'elle est exigeante !

Ou plutôt imprudente.

Incapable de se contenter d'une explication superficielle comme savent si bien le faire des amants plus habiles.

Lorsqu'il lui a dit — alors qu'à ce moment-là, justement, elle ne demandait rien — qu'il était resté très tard le soir précédent sur un inventaire et que c'est pour cette raison qu'elle ne l'avait pas trouvé au bout du fil, pourquoi avoir éprouvé le besoin de lui faire remarquer :

« Mais tu m'as dit que tu serais tout l'après-midi chez toi à rédiger ton rapport ! C'est pour ça que je me suis permis de te téléphoner. (« Permis », elle en était à dire permis !) Et quand j'ai vu que tu n'étais pas là, j'ai rappelé, puis je me suis demandé... »

Cela revient — elle s'en aperçoit dès qu'elle a parlé — à le « coincer » en l'obligeant à se découvrir davantage, ce qu'il déteste.

« Tu me fliques, je me sens fliqué ! Je comprends que personne ne veuille vivre avec toi ! »

Est-il vrai que personne ne veuille vivre avec elle ?

Mais non, elle a eu un mari, quelques liaisons...

Toutefois, à l'heure actuelle, en dehors de lui avec qui elle ne vit pas complètement, elle est seule, et peut-être a-t-il raison sur ce point ?

Quand il lui parle ainsi, insinuant exactement l'inverse de ce qu'elle croit, bousculant ses défenses, la prenant à revers, la possédant mentalement tout autant qu'il la possède physiquement, elle ne lutte pas, ne proteste pas, mais essaie seulement de se repérer, s'y retrouver, savoir où elle en est.

Pour arriver, comme dans l'amour physique, à déterminer s'il est en train de lui faire du mal ou du bien.

Les deux sont toujours si intimement liés dans ce qu'elle découvre avec tant d'étonnement sous l'assaut de cet homme qui, fût-ce pour la blesser, l'étourdir, et d'une certaine façon la briser, s'approche d'elle comme aucun homme ne s'est approché d'elle auparavant.

C'est une jouissance bien profonde. La jouissance.

Et c'est parce qu'il la met ainsi au cœur de la jouissance, sans vraiment qu'elle le sache, croyant seulement se faire vilipender de la manière la plus grossière, qu'elle se découvre si impuissante à se défendre — se défend-on dans l'amour contre la brutalité de cette caresse qu'on nomme la pénétration ? — et se tait.

Ce matin encore, elle n'a pas répondu. A rien.

Maintenant, les mots de la revanche accourent, en flots de plus en plus pressés, furieux, serrant les rangs comme une armée. La contre-offensive.

Quel beau mot la « contre-offensive », la « contre-attaque » ! Isabelle sait depuis longtemps que c'est en criant ces mots-là que les révoltés du ghetto de Varsovie, conduits par Mordechai Anielewicz, sont morts debout sous les rafales de mitraillettes des S.S.

Elle a vu des images, un film, entendu la reconstitution des cris, des ordres, des appels, du bruit saccadé des rafales.

Déjà elle voudrait avoir saisi son téléphone, composé le numéro de son amant. A peine aura-t-il dit : « Allô », aura-t-elle reconnu le son de sa voix — cette voix qui sait mettre en mouvement la moindre de ses fibres et aussi donner la paix, la sécurité, la jouissance au fond le plus féminin et le plus amoureux de son être — qu'elle l'écrasera sous le printemps de la contre-attaque.

Cet homme qu'elle aime.

II

IL l'attend.

Dans la pièce du fond.

Assis dans un fauteuil, le dos en partie tourné vers la porte.

Feignant d'être profondément plongé dans sa lecture — cela se voit à la voussure exagérée de ses épaules — et de ne pas l'attendre. Attitude qui lui est familière lorsqu'il ne veut pas avoir l'air d'être à la merci de son arrivée ou de son attention.

Il ne dit pas non plus bonjour, mais se tasse encore un peu plus comme un enfant qu'on dérange et qui manifeste son hostilité en se ramassant sur lui-même.

Au début, cette absence de manières a surpris Isabelle — elle n'a pas été éduquée ainsi — et elle s'est insurgée : fût-ce d'un signe, ne peut-il se donner la peine de la saluer lorsqu'elle arrive ?

Mais Pierre a l'art de faire tourner le moindre propos à son avantage : il est trop pris par ce qu'il a en train, un calcul, une opération minutieuse... C'est dur de se concentrer, ne le sait-elle pas ?

Elle a renoncé.

Se disant — tant elle a besoin de tout aimer de cet homme — que son chat non plus ne disait pas bonjour, même à elle, et que ça n'était pas par manque d'amour mais tant était forte, certains jours, l'émotion de la revoir.

Devant elle, le large dos immobile de son amant, toujours silencieux, encore un peu plus tassé si possible.

« Je suis ton garde du corps », lui dit-il parfois.

Même quand il la blesse, il sait rester physiquement près d'elle, c'est vrai. De cela, elle lui est reconnaissante.

Elle n'a pas ôté son manteau, ni posé son sac. La tentation lui vient d'un bon coup de sac sur cette nuque qui ne fait pas l'effort de se tourner de son côté !

Une ou deux fois déjà, se sentant insultée par la sournoiserie désobligeante avec laquelle il nie parfois sa présence, elle s'est laissée aller à des violences physiques.

Aussitôt, il l'a saisie par les poignets pour l'obliger à lâcher son arme dérisoire, son sac en effet, lui répétant d'un ton de satisfaction profonde, comme lorsqu'elle crie trop fort, quand il la prend, et qu'il la bâillonne alors de la main : « Mais tu es folle ! Tu es folle ! »

Cette fois, elle ne lui donnera pas ce plaisir, elle va se contrôler. D'ailleurs où allait-elle ? Ah ! oui, est-ce bête, vers le téléphone !

Elle allait lui téléphoner...

Et comme elle a trouvé l'homme là, près de l'appareil, la femme ne sait plus que faire ni que dire, car si elle a bien élaboré en esprit tout ce qu'elle lui sortirait au bout du fil, elle ne s'est pas préparée à se retrouver face à face avec lui.

Sa tête est pleine de mots à prononcer devant le téléphone, de phrases construites d'avance en réponse à celles qu'elle a laissées passer le matin, et qu'elle aurait débitées d'un trait, pour raccrocher aussitôt sans écouter la riposte.

Sans lui donner le temps d'en élaborer une.
Et sans décrocher — elle se l'était juré — lorsqu'il aurait immanquablement rappelé quelques instants plus tard.
Maintenant qu'il est devant elle, à portée de bras, de baisers, elle ne sait plus quoi faire.

Peu à peu, Isabelle s'apaise.
Elle continue à se sentir sanglante, déchirée, mais elle recommence à être pleine.
Parce qu'ils sont ensemble.
Il est à peine deux heures de l'après-midi. Ils ont un peu de temps devant eux.
Du temps, avoir du temps, que demander de plus, à certains moments, à la vie ?
La femme repart vers l'entrée de l'appartement, dépose son manteau, son sac, à leur place accoutumée. Avec un certain bonheur qu'il y ait pour les choses — donc peut-être pour elle-même — une place accoutumée. Et s'arrête devant la glace.
Son visage est aigu.
« Comme tu es aiguë », lui dit-il parfois, et elle sent bien que c'est un reproche.
Tout ce qu'il lui dit d'elle, sur ses traits, son corps, son comportement, est comme un reproche.
Que cherche-t-il si fort à exaspérer chez elle ?
« Pauvre petite », murmure-t-elle. C'est son premier mouvement d'attendrissement sur elle-même depuis des heures. Sans doute se le permet-elle parce qu'elle n'est plus vraiment seule.
Rien que de le savoir la soulage.
Elle scrute les deux traits verticaux entre ses sourcils, plis de l'effort, de la douleur, puis pose presque tendrement sa joue contre son propre reflet dans la glace.

Derrière le sien se dresse soudain celui de l'homme.
A-t-il surpris son geste ?
Pierre commente rarement ses actes dans l'instant, mais, plusieurs jours plus tard, à une remarque glissée en passant, elle découvre qu'il les a quand même observés, enregistrés, parfois compris.
« On a téléphoné deux fois pour toi, quelqu'un de chez Marchetti. Ils demandent que tu rappelles d'urgence. Ils avaient l'air pressés. Ta sœur aussi a appelé. »
Et comme elle ne réagit pas :
« Où étais-tu ? »
S'il croit qu'elle va s'énerver parce qu'on la cherche, s'affoler... C'est sa force à elle — même si elle doute parfois d'en avoir une — que de pouvoir se ficher de tout en certaines circonstances. Une force que Pierre jalouse.
Elle se souvient de ce jour.
Que lui avait-il fait encore ? Ou plutôt dit ?
Elle a oublié.
Que penserait-on dans un procès d'un avocat qui ne se rappellerait plus les motifs sur lesquels son client fonde sa plainte ?
Ah ! oui, ils venaient de faire l'amour, dans cet abandon grandissant qui émeut tant Isabelle, lorsqu'il éprouva le besoin, une fois qu'ils furent calmement étendus côte à côte, bras et jambes enlacés, de lui dire qu'il ne fallait pas qu'elle se fît d'illusions : s'il divorçait un jour, ce ne serait certes pas pour elle. Et si jamais il devait se remarier, ce ne serait pas avec elle.
La remarque la surprend comme une incongruité : pourquoi lui dit-il ça juste au moment où ils sont si proches, apaisés, sans besoin vis-à-vis l'un de l'autre ?

Mais l'homme insiste : elle n'est pas du tout son genre. Il aime les femmes méditerranéennes, n'a-t-il pas des origines de ce côté-là ? Des femmes comme sa mère, sa grand-mère (Dieu sait pourtant s'il s'en plaint d'ordinaire, de ces deux-là !), gaies, bavardes, la main leste, le verbe haut, bonnes cuisinières, pas questionneuses, en somme le contraire des intellectuelles.

Plus tard — car c'est toujours plus tard qu'elle rattrape le mal qu'on lui fait, comme une tricoteuse remonte au rang suivant ses mailles perdues — elle s'est dit que ce qu'il lui reproche, ou fait mine de lui reprocher, constitue peut-être le meilleur d'elle-même : son angoisse.

Mais comment mettre en avant son angoisse comme une qualité ? Du moins auprès d'un homme qui est votre amant ?

Et puis, elle aussi conserve en tête une image de la compagne idéale empruntée au mythe masculin : douce, toujours d'accord, dévouée et même sacrificielle (mais secrètement), moqueuse (mais jamais critique), et surtout ne se laissant à aucun moment déséquilibrer par ce que peut faire, dire ou penser l'homme dans sa vie. Coucheries et tromperies comprises.

Au fond ne l'aimant pas pour lui-même, cet homme, le possédant, c'est tout.

N'empêche que sur l'instant elle a mal, très mal, tous les points où leurs deux corps sont en contact devenus soudain douloureux.

Mais elle ne s'écarte pas tout de suite, se croyant assez forte pour braver l'attaque, rétorquer, railler. Ne sont-ils pas dans le même lit, nu à nu, pareillement satisfaits, égaux ?

« En somme, tu aimes les femmes comme ta mère... Celles sur lesquelles tu peux poser ton pied et qui le lèchent en disant « encore » !

— Je te remercie pour ma mère ! Ce que tu peux être grossière quand tu t'y mets ! Une vraie grossièreté de bourgeoise.

— Cela vaut mieux en tout cas que ces souillons à l'odeur d'oignon et de déodorants inopérants dont tu fais si souvent ton ordinaire ! »

D'un tour de reins l'homme se dégage, jaillit hors du lit.

L'idée la traverse qu'il a peut-être provoqué toute cette scène à seule fin qu'elle le blesse suffisamment pour lui donner la force de se lever, dont parfois il manque.

L'homme enfile son slip, son pantalon, si vite qu'une jambe levée il manque de trébucher, et Isabelle retient son rire. Pourtant la situation ne lui paraît pas drôle, pas drôle du tout. Elle commence d'ailleurs à avoir mal, rien qu'en voyant disparaître dans les vêtements les jambes, les fesses, le sexe de son amant.

Un instant, elle songe à se jeter dans ses bras, toute honte bue, pour se réconcilier avec lui avant qu'il parte.

Mais elle sait d'avance qu'il en profitera pour l'humilier davantage.

La repoussant de l'avant-bras : « Je n'aime pas les femmes qui m'agressent, je croyais te l'avoir dit. Je les aime douces et m'aimant comme je suis. Tu vois bien qu'on n'est pas faits pour s'entendre... »

En même temps, dans ses yeux, cet air si terriblement douloureux, comme s'il ne vivait pas cette scène stupide pour de bon mais était en train de la reproduire, dans la répétition inlassable d'un très vieux mal.

Mais parce que la femme se sent piégée, prise avec lui dans ce mécanisme imbécile qui les broie tous les deux, sa colère l'emporte. A son tour, elle jaillit hors du lit, cherchant du regard ce qui va bientôt pouvoir lui servir d'arme, de prolongement à sa rage.

Et elle s'empare du tisonnier.

Elle revoit encore l'éclair de joie dans le regard de Pierre lorsque, relevant les yeux de ses chaussures qu'il lace, il l'a aperçue se dirigeant vers lui, toute nue, le tisonnier de cuivre à la main.

« Comme s'il espérait cette scène depuis toujours », a-t-elle le temps de penser.

D'un bond, il est sur elle et n'a aucun mal à lui saisir le poignet, immobilisant son bras, son épaule, tout son corps.

La femme cherche alors à mordre ces mains qui la tiennent, tandis que l'homme, l'enlaçant, les écarte hors de la portée de ses dents.

Réduite, elle se précipite sur sa poitrine à découvert sous la chemise encore déboutonnée, et elle cherche comme on tète, oui comme on tète, à saisir un morceau de peau. Ne parvient qu'à refermer les dents sur les poils. Secoue la tête, autant que le lui permet sa situation de contention, pour du moins arracher les poils.

C'est dérisoire et Isabelle souffre pour elle-même d'avoir à vivre ce dérisoire.

Comme si sa compagne lui avait vraiment fait mal, l'homme la rejette brutalement loin de lui, gardant le tisonnier en main pour se défendre — le pauvre — contre la furie déchaînée qui en veut à sa peau !

Situation si ridicule que la femme éprouve l'envie violente d'en sortir et elle se dirige vers la fenêtre, l'ouvre et monte sur le balcon en se disant : « Jette-toi ! »

Dans l'émerveillement de s'apercevoir qu'au fond ça ne lui coûterait rien. Que tout vaut mieux que de rester avec cet homme dans cette lamentable farce.

C'est alors qu'il prend vraiment l'affaire au sérieux, se précipite sur elle pour la retenir et la ramener vers l'intérieur sans plus lui parler.

Murmurant entre ses dents : « Elle est folle, tout à fait folle, il faut l'enfermer, folle à lier... »

Avec un regard oblique vers le téléphone.

Il est parvenu à ses fins ! Il s'est débrouillé pour que ce soit elle — avec laquelle il vient de faire si bien l'amour — qui lui donne une bonne raison d'appeler Police-Secours : « Venez vite, il y a ici quelqu'un de fou ! »

Quelqu'un de fou, oui, mais qui ?

Dès qu'elle s'est dit ça, sa fureur tombe d'elle-même.

Elle cesse de se débattre et commence à lui parler sans arrêt, en le caressant d'abord du front, puis de sa main qu'il a lâchée :

« Ça n'est rien, c'est fini, cela va aller, ne t'en fais pas, laisse-moi me rhabiller, tiens, va me chercher un verre d'alcool pendant que je m'habille, prends-en un aussi pour toi, assieds-toi... »

A la fin, ils sont allés au cinéma, bien tranquillement, et pendant toute la séance il lui a tenu la main serrée dans les deux siennes qu'il avait posées sur son ventre à elle.

« Tu n'as pas faim ? » demande brusquement Pierre.

Sans répondre, la femme quitte la pièce et l'homme la suit.

Si elle accepte maintenant de se mettre à table avec lui, de partager la même nourriture, il reprendra sa bonne humeur, une bouteille de bordeaux aidant, pour l'entraîner dans une de ces conversations sur tous les sujets où ils se sentent si librement à l'aise ensemble, et son « éclat » sera perdu.

Comme si elle ne l'avait jamais fait.

Ou plutôt Pierre s'en octroiera le bénéfice, prétendant sur l'instant qu'il ne s'est rien passé, pour lui ressortir quelque temps plus tard, sous un prétexte ou un autre, lorsqu'il aura besoin d'une de ces permissions qu'il ne sait comment s'accorder sans la mettre d'abord dans son tort : « C'est comme ce jour où tu m'as fait cette scène de jalousie si grotesque à propos de rien ! Simplement parce que je n'étais pas chez moi au moment où tu as téléphoné, il faut bien que je travaille, moi, de temps en temps ! »

Exaspérée, elle lui dira alors n'importe quoi et le tour sera joué : il pourra se rendre bien tranquillement à son rendez-vous, si rendez-vous il y a, sous prétexte qu'elle est d'une humeur insupportable et qu'un peu d'air leur fera le plus grand bien à tous deux...

Y a-t-il des couples, se demande la femme, où cela se passe autrement, dans ce qu'elle appelle la bonne foi réciproque, la bonne entente, l'estime, la courtoisie mutuelle ? Ou est-ce que dans tout ce qui touche à l'amour, au rapport entre deux êtres de sexe et de désir différents, on ne rencontre jamais que la guerre ?

« Moi, lui dit parfois Pierre, en faisant mine d'être excédé par d'imaginaires enfantillages, j'ai eu mon compte. Ce que je cherche désormais ce sont des rapports adultes entre adultes, mais avec toi, évidemment, ça n'est pas possible. »

« Je n'ai pas très faim, mais on peut manger. »

Hier encore, elle aurait ajouté « si tu veux ».
A présent, dire « si tu veux », n'est-ce pas entériner sa manière d'être et par voie de conséquence ses droits à l'infidélité ?

Or, elle sait bien ce qu'elle deviendra si elle accepte ouvertement qu'il la trompe : une folle, un déchet.

Debout près de la table, la femme remue des papiers, son courrier.

L'homme fait semblant de lire, à distance, un journal ouvert qui traîne sur le lit.

Après tout, puisque Pierre continue de manger avec elle, dormir avec elle, parler avec elle, qu'est-ce que ça peut bien lui faire qu'il y en ait d'autres, d'autres corps que le sien sur le sien ? D'autres odeurs ? D'autres cris ?

Rien que d'y penser, elle tremble.

C'est le moment que choisit l'homme pour relancer l'escalade :

« C'est qu'avec toutes ces scènes que tu me fais, je n'ai pas mangé depuis hier soir, moi ! »

La femme le regarde. L'imagine enfant. Il devait lui arriver de tourmenter une mouche, un poussin, pour finir par l'assassiner faute de savoir comment s'interrompre, effacer sa faute, son erreur d'avoir amorcé sans raison un jeu aussi stupide.

Là non plus, il ne parvient pas à s'arrêter.

« Moi, les femmes qui me font des scènes, je ne les supporte pas. La violence me rend malade. Tout le monde le sait d'ailleurs autour de moi, sauf toi, les femmes qui crient me font fuir... »

Il va et vient dans la pièce, grand, lourd.

Sans jamais effleurer les meubles.

Dans l'amour aussi, lui, si fort, et qui pourrait l'étrangler, l'écraser d'un coup, fait en sorte de ne jamais la meurtrir.

C'est par ses mots qu'il la blesse.

Cette fois encore, elle a beau comprendre qu'il le fait exprès, soudain sa fureur la déborde.

Elle cherche un argument massue pour ravaler son amant à ce rang de lâche où il se place par son comportement vis-à-vis d'elle.

Or, tout ce qui lui vient à l'esprit, elle ne comprend pas pourquoi, c'est : « Je ne suis pas une femme, la femme c'est toi, c'est toi qui te comportes comme une femme ! »

En même temps, elle sent confusément que si elle traite cet homme de « femme » au moment précis où il se conduit en effet de façon fourbe et peu sûre, il s'effondrera.

Or, s'il y a une chose qu'Isabelle ne supporte pas, c'est de voir cet homme tomber en morceaux.

Elle préfère encore capituler.

Ou alors rompre. Rompre sur-le-champ et définitivement cette liaison où elle a le sentiment qu'ils s'engluent, tournent stérilement en rond, cherchant chacun chez l'autre quelque chose qu'ils ne parviennent ni l'un ni l'autre à se donner.

Ne jamais se revoir.

L'envie lui en vient lentement, mais elle comprend à un certain pincement de cœur qu'elle n'est pas vraiment mûre. Pas assez mûre.

Elle a encore trop soif de lui.

L'homme se rapproche, radouci.

« Je tiens à toi », lui dit-il, effleurant timidement ses hanches du bout des doigts.

Bien sûr qu'il tient à moi, se dit la femme, reste à savoir de quelle façon. Comme un enfant à sa mère ?

Si c'est cela, elle n'en veut pas.

Elle n'en voudra jamais.

Elle s'écarte.

Lui continue de la suivre.

Il ne lui a pas juré fidélité, à cette femme. Aucun homme n'a l'obligation d'être absolument fidèle à une femme — elle n'est d'ailleurs même pas la sienne — sinon c'est l'esclavage, l'asservissement, comment ne le comprend-elle pas ?

Et pour le plaisir rapide et banal qu'il a pris la veille ! Il lui semble qu'il l'aurait déjà oublié si Isabelle avait le bon goût et l'habileté de lui ficher la paix en lui permettant de n'y plus penser.

C'est elle, en fait, qui va finir par donner de l'importance à cette rencontre probablement sans lendemain avec... Comment s'appelle-t-elle déjà ?

Il n'arrive pas à se souvenir du nom de la fille, seulement de certains morceaux de son corps, de la pointe anormalement longue de ses larges seins plats et de la manière douce dont sa cuisse s'est repliée sur son ventre lorsqu'il l'a prise.

Machinalement, il tourne autour d'Isabelle tandis qu'elle opère quelques rangements, probablement sans nécessité, compose un numéro de téléphone qui ne répond pas, puis reste là, près de l'appareil, à contempler son amant.

Ce visage contracté, cette pâleur grise sous la barbe négligée ce matin-là... Souffre-t-il lui aussi ?

L'homme devine sur lui le regard de la femme, la dévisage à son tour.

C'est la première fois, depuis qu'ils sont à nouveau ensemble, que leurs yeux se rencontrent.

Isabelle soutient le choc du regard gris, qui lui paraît gêné. Les cernes aussi l'attendrissent. Quoique... Peut-être est-ce d'en avoir baisé une autre, cette nuit, qui lui donne cette mine !

Et, alors qu'elle s'y attend le moins et uniquement parce qu'elle a pensé à son corps, son corps à lui, la voici reprise par le tourbillon d'images cruelles.

Comment les choses se sont-elles passées ? Est-il monté chez la fille en vitesse, à l'improviste, dans l'élan du moment ? Ou bien y a-t-il passé la nuit, incapable, comme il le lui dit si souvent, de se coucher seul dans un lit froid ?

« Je suis comme ça, moi, que veux-tu ! Je dors mal dans des draps glacés, j'ai besoin d'une bonne bête bien chaude à côté de moi, c'est mon métabolisme qui fonctionne de cette façon, je n'y peux rien ! »

Alors les images se précipitent et se précisent, la femme nue que l'on réveille, gémissante : « Laisse-moi, tu veux, je dors, on verra demain matin... »

Lui, à poil, se cale bien contre le corps chaud, une main sur un sein, le ventre contre les fesses, le corps emboîté.

La femme se détend peu à peu, se retourne, rit, s'ouvre...

« Viens », dit Isabelle.

Elle a parlé comme sans y penser, s'approchant de l'homme d'un seul mouvement.

Lui s'arrête net, le regard interrogateur, prétendant ne pas comprendre.

« Quoi ? Que veux-tu ? »

Il prend même l'air surpris par la brusquerie de sa compagne qui a posé son front contre son cou tout en passant son bras autour de sa taille.

« Viens », répète Isabelle.

Et comme il fait exprès de se raidir, et aussi qu'elle s'en veut de n'avoir trouvé que ça pour sortir de son malaise et de sa douleur, elle insiste, force, cherchant précipitamment d'une main à défaire la boucle de la ceinture du pantalon, ce à quoi elle n'arrive d'ailleurs jamais seule, tandis que de l'autre elle commence à déboutonner le devant de la chemise pour vite poser sa paume bien à plat sur la peau.

L'homme lui tape sur les poignets :

« Ça ne va pas ? »

Il a pris un ton brutal, grossier, presque ricaneur, mais ne se retire que d'un pas.

Isabelle refait ce pas vers lui, et reprend son geste là où elle l'a laissé quand il s'est arraché d'elle.

Et s'il dit non ? Se refuse ? La tourne en dérision, alléguant qu'il n'a pas la moindre envie d'elle parce qu'il a couché avec une autre la nuit même — ne le sait-elle pas ? ne le lui a-t-elle pas assez reproché ? — et qu'il se sent trop las du plaisir pris pour recommencer aussitôt ? Et s'il part là-dessus ?

Elle se tuera.

Que c'est bête !

Pierre se débat, prétendant reboutonner ce qu'elle déboutonne, et au fur et à mesure qu'il l'oblige ici ou là à lâcher prise, la femme replace ses mains ailleurs, sur sa poitrine, sa nuque, puis sur son sexe qu'elle sent se gonfler sous la braguette.

Soudain, comme pour contre-attaquer à son tour et lui rendre la pareille, l'homme lui touche vivement le sein, le malaxe.

Elle a gagné.

III

L'HOMME à présent se déshabille en prenant bien soin de plier soigneusement ses vêtements sur un fauteuil.

Pressé de fuir aussitôt après, pense la femme, ou plutôt de rendosser sa tenue sociale comme si rien ne s'était passé.

Chaque fois qu'il la quitte, pourquoi éprouve-t-elle ce même sentiment qu'il est prêt à recommencer ailleurs, dieu sait où, comme si elle ne l'avait ni marqué, ni changé ? Il était en chasse, il continue d'être en chasse.

C'est cela qui est si intolérable.

Alors pourquoi le tolère-t-elle ?

« Tu ne te déshabilles pas ? »

Il s'est avancé tout près d'elle, complètement nu, à portée. Isabelle a envie de l'attirer par les hanches et de poser sa bouche sur son sexe, sans autres préliminaires.

Mais il y a toujours entre eux cette idée d'une autre femme et la question lui monte aux lèvres :

« Quand as-tu couché avec elle pour la dernière fois ? Cette nuit ? »

Ils sont tout proches en cet instant, unis par ce désir si ému qu'ils ont l'un de l'autre, et il lui semble qu'elle n'a plus peur de savoir.

C'est une passade, dira-t-il, pas grand-chose en somme, une occasion, une rencontre sans lendemain, déjà oubliée.

Mais à quoi bon s'illusionner, elle se connaît : s'il lui répond qu'il ne s'agit que de cela, une fille mal entrevue, presque innommée, une silhouette, même pas, une odeur, encore moins, un souffle, un cri dans la nuit, la nuit du corps, la passe brutale d'un soir aussitôt oubliée — et à jamais inoubliable parce qu'elle tombe et s'inscrit irrémédiablement dans la mémoire de la chair, la seule vraie —, Isabelle ne pourra plus se laisser toucher.

Elle va se rétracter, se replier.

Or elle a si terriblement envie d'être prise. Pleine. Comblée.

Tout de suite. Et par lui.

Alors elle se tait.

Puis elle se déshabille. Se couche près de lui. S'ouvre. Quand il entre en elle, elle a une sorte de cri, se mord les lèvres.

Non, ça n'est plus comme avant.

Il lui a dénaturé le plaisir qu'elle prenait avec lui.

Non pas le plaisir qu'elle prendra jamais — il y a d'autres hommes, même si pour l'instant elle n'a envie d'aucun autre — mais ce plaisir-là, si particulier et par définition unique, qu'elle adorait prendre avec lui.

Une fois déjà, dans un accès trop confiant, elle lui a avoué :

« Quand on m'a trompée, quand je sais qu'il y a une autre femme, pour moi c'est fini, j'ai beau me rendre compte à quel point c'est bête, c'est plus fort que moi, je n'arrive plus jusqu'au bout de mon plaisir. »

Alors son amant lui fait une réponse à laquelle elle ne trouve rien à répliquer :

« C'est ton problème, pas le mien. Pour moi c'est toujours aussi bien. »

Que sait-elle après tout de ses rêves d'homme ?

Peut-être prend-il encore plus de plaisir à l'amour quand il passe en imagination d'une femme à l'autre, assemblant dans sa tête de vastes puzzles dont chaque pièce est un corps de femme ?

Les seins de l'une, les yeux, la bouche, le sexe d'autres ? Comme sur ces cartes de boucherie où chaque morceau de l'anatomie du bœuf est en pointillé ?

Ou une sorte d'arbre amoureux dont une femme, la plus fréquente, la plus durable — il lui dit que c'est elle, Isabelle —, forme le tronc auquel viennent s'adjoindre, comme autant de nouveaux rameaux, toutes les sensations de passage ?

A moins qu'il n'ait jamais devant les yeux, sous lui, contre lui, que la même absence, le même désespoir.

Comment savoir ?

A quoi bon savoir ?

Elle n'est qu'une femme. Sans invention. Sans fantaisie. Stupidement exigeante. Plus que toutes les autres puisque les autres acceptent, et même en redemandent, prêtes à le prendre tel qu'il est, dragueur, errant, infidèle.

Elle aussi, en fait.

Alors elle se dit qu'il est en train de lui arriver juste ce qu'elle ne voulait pas qu'il lui arrive, elle est en train d'accepter d'être trompée.

Alors elle se dit que non, qu'elle n'accepte rien du tout. Qu'on va bien voir. Alors elle jouit.

Puis ils s'endorment.

Un homme et une femme adultes qui une fois de plus ont fait l'amour ensemble, une fois encore, et qui se reposent dans les bras l'un de l'autre.

« Tu vois, ça continue », lui dit Pierre doucement à l'oreille.

Mais qu'est-ce qui continue, se demande Isabelle, ma souffrance ?

Elle est attachée à cet homme et rien n'aboutit, rien n'arrive entre eux. Du moins rien de durable. Rien sur quoi l'on puisse compter.

« Ça ne va pas mal, nous deux, tu ne trouves pas ? » répète l'homme.

Il a la bouche sur l'épaule de la femme, qu'il embrasse à petits coups.

D'un joli geste qu'Isabelle lui a souvent vu faire, et elle se dit qu'il doit l'avoir avec toutes les autres, cet homme d'habitude.

Aussitôt le geste devient plat, gris, insignifiant. Et comme elle ne ressent plus rien, la femme se met à penser.

Personne en amour, se dit-elle, ne procède par comportements aussi totalement stéréotypés que ceux qu'on nomme les « don juan », les « dragueurs », ou les « infidèles », et sans savoir comment il est avec les autres, Isabelle flaire, devine — et elle lui en veut aussi de cela, de ce manque d'invention — que son amant est tout à fait comme avec elle. Les mêmes gestes, les mêmes mots, les mêmes « je t'embrasse partout » à la fin des lettres.

« Salaud », le mot lui monte aux lèvres mais ne les franchit pas. Pierre n'est pas un salaud, il est pire. Assassin, meurtrier, de l'amour, et de lui-même.

« Allez, il faut que je me lève, dit-il soudain, c'est pas tout ça j'ai du travail, moi. »

Il a pris le ton de l'homme responsable qui, après une minute de « folie », d'inconséquence, mais combien charmante, avec une « nana », se doit de retourner aux affaires sérieuses.

Pendant qu'il se rhabille, Isabelle, le drap tiré, s'abandonne à une humeur noire.

Il l'a baisée — tout est rentré dans l'ordre, son ordre à lui : une nana par-ci, une nana par-là, l'équilibre est rétabli, il peut songer à nouveau à son travail...

Et elle qui d'ordinaire tient tant à valoriser et même chérit la façon dont son amant parvient à mener de front des opérations diverses, souvent plus créatives que lucratives — sur ce plan-là, il est incroyablement maladroit — a soudain envie de le rabaisser, plaquant sur lui des images déplaisantes, dans l'espoir d'arriver ainsi plus rapidement à se délivrer de son amour pour lui.

Au fond, se dit-elle en replongeant au fond du lit, il est bien commode ce travail à base de rendez-vous qu'il peut fixer et déplacer à son gré...

Mais la femme n'arrive pas longtemps à soutenir ce ton, car elle aime vraiment cet homme, pour ce qu'il est justement, faiblesse comprise, et elle tente de rétablir sa part et la sienne.

Sa part à lui contre sa part à elle.

Que voudrait-elle ? Qu'il s'escrime à respecter des horaires de bureau et la tienne scrupuleusement au courant des heures où il pointe et des heures où il sort ?

Et alors ? Pourrait-elle surveiller ses relations avec les secrétaires, les femmes avec lesquelles il est en affaires ? Pourrait-elle jamais, fondamentalement, être rassurée « de l'extérieur » ?

En admettant qu'elle le puisse, qu'il lui jure une fidélité éternelle — comme il l'a d'ailleurs fait à plusieurs reprises : « Cette fois, ça y est, grâce à toi, je suis devenu monogame ! » (et c'est bien cela le pire, qu'il l'ait à ce point rassurée pour la précipiter à nouveau dans la plus douloureuse incertitude) —, à quoi cela aboutirait-il ?

L'homme s'est maintenant complètement rhabillé, la femme n'a pas encore bougé, engourdie par le plaisir, savourant les dernières vapeurs d'une inconscience heureuse — et comme c'est bon, cela aussi, et comme c'est vrai !

Il vient s'asseoir au bord du lit, l'embrasse, d'abord sur les yeux, puis sur la bouche, laissant sa main courir sous les draps, vers les seins, le ventre, le sexe, l'explorant comme il explorerait un territoire qu'il possède bien, mais où il entend laisser avant de s'en aller le souvenir précis de ses caresses, une sorte de provision dont elle aura à se contenter et sur laquelle il lui faudra tenir jusqu'à sa prochaine visite.

Peut-être aussi dans le but — en l'excitant à nouveau mais cette fois sans la satisfaire — de la laisser sur sa soif, invisible lien qui la gardera en son pouvoir, esclave de sa suite soumise par la mémoire du corps au dispensateur de son plaisir.

Comme il se trompe, pense Isabelle, bien qu'elle s'ouvre à nouveau, s'infléchisse sous cette main qu'elle aime, ça n'est jamais par le corps qu'on tient qui que ce soit, c'est par l'esprit. C'est-à-dire par l'amour, car l'amour n'est qu'esprit.

Peut-elle d'ailleurs imaginer — tout en se laissant manier, Isabelle poursuit implacablement le déroulement du « procès » qu'elle fait à cet homme en même temps qu'à elle-même — son amant allant et venant de son travail à elle, d'elle à son travail, comme un petit fonctionnaire, un rond-de-cuir, un métro/boulot/dodo, et qu'elle soit encore capable de le désirer ?

Il y a là quelque chose d'impossible à accepter, à vivre. Du moins par elle.

Pierre retire brusquement sa main de sous les draps, pensant sans doute qu'il en a assez fait, que le but — l'émouvoir à nouveau — est suffisamment atteint, et il lui donne une petite tape sur le bras destinée à marquer qu'il est prêt à se mettre debout, à s'en aller, mais non sans qu'elle l'ait lesté d'une phrase d'encouragement, de mise en train, d'absolution.

« Ça va ? » dit-il pour amorcer.

D'habitude Isabelle répond « oui ».

Aujourd'hui, elle ne peut pas.

Ce qu'ils se sont dit, ce que cet homme lui a dit au lendemain de cette nuit dont elle ne sait toujours rien, sauf qu'il ne l'a pas passée près d'elle mais certainement avec une autre, pèse encore trop.

N'est-il pas allé jusqu'à lui laisser entendre qu'elle ne lui suffit pas ?

Il n'y a personne d'autre pour l'instant, il n'a pas d'autre « lien » — quand cessera-t-elle de délirer ainsi pour un oui ou pour un non ? —, il ne pense à aucune autre femme en particulier, mais comment peut-elle raisonnablement s'imaginer qu'elle va indéfiniment lui suffire ?

Quant à lui, il ne le peut pas.

C'est simple. Et plus honnête de le lui dire tout de suite. Autant être franc. Il aura d'autres maîtresses. Oui, il tient à elle, profondément. Il trouve que cela fonctionne parfaitement entre eux, dans un lit par exemple.

Mais qu'elle puisse lui suffire, ça non !

Où a-t-elle pu pêcher une idée pareille ? Tous les êtres humains ont besoin de liberté, ne le sait-elle pas ? Peut-elle lui dire le contraire sans rire, une personne comme elle, intelligente, lucide, ayant vécu ?

Car elle a vécu, il le sait bien, elle a eu des amants, plus nombreux, il le présume, qu'elle ne veut bien le lui avouer.

Il ne lui en fait pas grief, bien au contraire, il n'est pas « jaloux », lui, il sait que c'est cela — son contact avec d'autres hommes, ses aventures passées, son mariage avec Alain-Louis —, qui a fait d'elle une personne d'expérience, cette femme qu'il peut aimer, apprécier.

Mais au moins qu'ils en profitent tous les deux, de son expérience ! Qu'elle ne se conduise pas comme un bébé, une poulette blanche, une toute petite fille fragile à qui on n'ose rien dire, qu'il faut épargner au point que ça devient fatigant, grotesque même.

Si elle s'intéresse à lui, l'aime — car elle l'aime, n'est-ce pas ? —, elle doit bien se rendre compte (oh ! oui, Isabelle se rend compte, de cela elle se rend compte et elle sait qu'à ce moment-là il parle juste et qu'elle ne peut rien contre cette vérité-là, sa vérité à lui, qu'en souffrir) à quel point il a été ligoté dans son enfance, embêté pendant son bref mariage. Maintenant qu'il goûte pour la première fois un peu de répit — grâce à Isabelle en particulier, il sait être lucide, lui — il ne peut pas aussitôt s'enchaîner à nouveau.

N'est-ce pas raisonnable ? Qu'a-t-elle à répondre à ça ?

Rien, en effet, et elle n'a pas répondu.

C'est la raison même.

La raison.

O émotion douce et folle. O regard entrevu. Baiser léger. Amour. O poésie. Grand vent. Robe blanche. Prés, bois, forêts. O bras nus. *J'irai par les sentiers, j'irai par les prairies...*

O mon enfance, le gravier chaud dans l'allée. Moi à quatre pattes, penchée sur un myosotis, un scarabée. « Isabelle, le goûter ! » Les épaisses tartines beurrées. Les regards attendris, les mains fraîches. « Les cheveux d'Isabelle, quelle merveille, elle est blonde comme le miel, cette petite ! » « Ce qu'elle était jolie en mariée, vous ne pouvez pas savoir ! » « Ma petite fille, mon aimée, ma douce, ma colombe, mon enfant chérie, mon enfant à moi... »

Elle ne « suffit pas ».

Voilà.

Elle ne suffit pas.

On sortirait. On irait au cinéma. Il regarderait l'ouvreuse. Elle lui présenterait une amie, il regarderait son amie. Sa sœur, il regarderait sa sœur. Pourquoi pas sa mère, aussi ? Pourquoi pas la bonne ? Oui, la femme de ménage, elle est bien, Francesca. D'ailleurs, Pierre lui parle aimablement, attentivement. Il aime les Espagnoles, dit-il, les Portugaises, toutes les femmes originaires des pays du Sud d'où proviennent les serves, les ancillaires, les illettrées, plus faciles à dominer.

Puisqu'elle-même ne suffit pas, comme il le lui a dit, tout est possible. Tout peut arriver... Tout arrive. Arrivera. Est arrivé.

C'est ça le monde. La réalité. Connaît-elle une seule femme qui ne trompe pas l'homme avec qui elle est ? Un seul homme qui n'a qu'une femme, n'aura qu'une femme ?

Elle est folle. C'est vrai. Quelque chose en elle est *fou.* Fou à jamais.

« Ça va ? »

Il a répété sa question avec un peu d'insistance, et même une légère nuance d'anxiété, sinon d'impatience. La secouant de la main comme on fait d'une machine qui ne vous rend pas la monnaie de votre pièce : pourquoi ne lui répond-elle pas ?

Isabelle dévisage son amant. Comme la première fois où elle l'a vu. Jugeant tout. Jaugeant tout. Ayant dès ce moment-là tout jaugé.

Le meilleur et le pire.

Les points sur lesquels elle va pouvoir s'appuyer, aura plaisir et jouissance à s'appuyer et à compter. Et les autres, aussi, les autres.

Depuis longtemps, le bilan est fait et elle n'a pas réussi à le faire mentir, à rien y changer.

Pierre n'a pas bougé. Sauf au tout début de leur relation quand, pour lui plaire et la séduire — et comme il y a réussi ! —, il s'est déguisé en ce qu'il appelle si drôlement et avec tant de tendre impertinence « l'homme de sa vie ».

Maintenant il ne cherche plus à lui plaire, il est pesamment, lourdement l'homme dans sa vie.

Et il lui fait mal.

La femme ne lui a toujours pas répondu et l'homme reste là, une main sur son épaule nue, l'œil légèrement perplexe, comme s'il commençait à son tour à se poser des questions, à se demander ce qui peut bien se passer dans sa tête à elle, où elle en est, et si cela peut avoir des conséquences pour lui, embêtantes.

Contre lesquelles il va falloir qu'il se prémunisse.

Car s'il y a une chose que Pierre ne supporte pas, c'est d'être pris au dépourvu en amour.

Rejeté avant d'avoir déjà préparé, aménagé une autre aire d'atterrissage, un autre nid. Or, le suivant, pour l'instant, n'est pas encore vraiment chaud.

L'expression fixe de son visage le trahit : il est obnubilé par son propre sort et ce qui va immédiatement lui arriver.

Une fois de plus, se dit Isabelle, il fait le mauvais calcul et le mauvais pari, il voit trop court, trop étroit.

Incapable d'imaginer que la situation entre deux êtres qui tiennent l'un à l'autre n'est jamais bloquée. Tout peut s'utiliser comme un tremplin pour aller plus loin.

Ne l'ont-ils pas déjà fait ?

Mais, cette fois, Isabelle ne tente pour sa part aucun effort pour les tirer de là. Elle se dit qu'elle a assez lutté désormais. Sans réel profit, sans progrès sensible. Sans obtenir de cet homme le moindre signe de gratitude.

Au contraire, chaque fois qu'elle a tâché de lui révéler la façon dont il doit s'y prendre s'il veut éviter de la blesser, tirer le meilleur parti de leur entente, chaque fois qu'elle lui a offert de parler de leurs difficultés mutuelles pour tenter de les élucider, afin si possible de les surmonter, il s'est aussitôt cabré, dérobé.

Comme il a dû le faire cent fois dans sa vie quand on lui a proposé de se mettre pour de bon au travail — et d'abord au travail sur lui-même.

Et elle reste là, sa trop bonne volonté sur les bras, se sentant si bête de chercher à arranger et à aménager l'existence, alors que cet homme — et qui sait s'il n'est pas en cela le plus malin ? — ne songe qu'à s'échapper pour courir faire joujou ailleurs... Là où son numéro continue d'épater de nouvelles nanas qui n'ont pas encore compris où son cirque va les mener...

Peut-être aussi ne veut-il pas aller plus loin avec elle ?

Alors qu'elle se croit encore au milieu d'un chantier, peut-être est-ce déjà pour lui le bout de la route, la bifurcation ?

Après tout, elle lui a peut-être vraiment plu, la fille de cette nuit, plus qu'il ne se l'est encore avoué ?

Sinon, se comporterait-il ainsi ?

Isabelle laisse échapper un gémissement court, haletant.

Pierre, qui la regarde toujours, ne comprend pas. A-t-elle encore envie de faire l'amour ?

C'est qu'il est pressé maintenant, pour de bon, et parce qu'il craint justement le retour de son propre désir, il relâche un peu la pression de sa main.

Le mouvement est léger, mais Isabelle se sent effectivement abandonnée. Eh bien, qu'il s'en aille, qu'il retourne se faire dorloter par sa dernière conquête ! Laquelle ferait bien de s'entraîner, d'ailleurs, pour le jour où elle, Isabelle, le plaquera tout à fait, ce tricheur.

Otant à deux mains la main de l'homme de son épaule, la femme saute du lit, nue, enjambant le corps de son amant comme si c'était elle qui était pressée, désormais.

Pressée d'être ailleurs.

Et que lui ne fût déjà plus là.

IV

Dès qu'il sort d'un lieu où il est convaincu qu'on le regrette pour aller dans un autre où on l'attend, quel sentiment de liberté !

Marcher dans les rues, sur le trottoir, sans se sentir surveillé. Regarder les femmes. Elles sont toujours d'accord. Non, elles ne sont pas vraiment d'accord. Du moins, elles ne savent pas qu'elles le sont.

Elles se croient occupées, défendues par leurs pensées, leur travail, leurs horaires. Parfois leurs amours, leurs amants. Leurs chagrins aussi. Et en même temps il perçoit en chacune d'elles un petit point complètement vide.

Et ce vide l'attend. Lui, s'il veut. Il suffit qu'il parvienne à le toucher pour que tout se déclenche.

Il s'y entraîne dans le métro, l'autobus. Les halls de gare. Ne jamais aborder de front. Surtout ne pas avoir l'air de songer au sexe. Le sexe ? Quelle idée ! Connais pas.

Mais quel joli tailleur. Bleu, comme votre sac. C'est ce qui m'a tout de suite intéressé : la façon dont vous avez réussi à assortir votre sac à la couleur de votre tailleur. Ça a dû vous donner du mal. Les grands magasins ? C'est bien ce que je pensais. C'est dans les grands magasins qu'on a vraiment le choix. Pas la Samaritaine — on n'y trouve pas tout ! — les Nouvelles Galeries. J'y vais souvent, mais oui, pour mes chaussettes. J'ai un problème avec les chaussettes — ça ne vous ennuie pas que je vous parle de mes chaussettes, non ? — alors voilà, je vais tout vous dire...

C'est comme ça qu'il s'y prendrait avec la fille assise sur la banquette en face de lui, dans le métro direction Porte des Lilas — ah ! les lilas, rien que de penser aux lilas, il en a des frissons ! — et qui, de plus, a les yeux bleus, comme son tailleur et son sac.

Ça n'est pas sa faute s'il est tout remué par les yeux bleus, si ça le touche au cœur, au ventre, les yeux bleus liquides !

Elle l'a déjà regardé deux fois. Et il a joué le jeu, restant impassible, accentuant même son air pensif.

Ça n'est pas sa faute si les femmes le regardent.

S'il ne leur fait pas peur.

Si elles s'ennuient. Si elles ont toutes ce point en elles, qui s'ennuie.

Et qui sent.

Il est debout, maintenant, derrière une brune assez forte, un peu poilue. Il perçoit l'odeur de son sexe. lI est sûr que c'est ça, une odeur de sexe mouillé ! Et s'il sent l'odeur de son sexe, c'est qu'elle est émue. Il ne l'a pourtant pas touchée, ou à peine, juste au moment du léger déséquilibre provoqué par la courbe qu'il connaît bien, un peu avant Télégraphe. Il s'est excusé tout de suite, bien poliment. Sans en remettre. Comme quelqu'un qui respecte les gens, hommes ou femmes.

Mais, un instant, il a eu le nez dans ses cheveux, sur l'ouverture du col de son chemisier. Une vive odeur de parfum, non point du genre rare comme celui de certaines qu'il connaît, mais un patchouli courant qu'il doit pouvoir identifier — il s'y est entraîné autrefois avec la petite vendeuse de la rue de Rivoli. Tiens, il sait ce qu'il lui dirait à celle-là, s'il avait le temps : « Calandre ou Jolie Madame ? »

Ses yeux demanderaient : « Quoi ? » en s'ouvrant plus larges, comme s'il était toqué.

Au fait, il n'a même pas vu ses yeux, car elle lui tourne le dos, mais c'est comme s'il les avait vus. Il répéterait, l'air froid : « Calandre ou Jolie Madame ? » Il faut toujours avoir l'air froid, très distant, très « intouchable » quand on aborde une inconnue.

Elle finirait par comprendre et rirait de n'avoir pas compris tout de suite. Et elle ne pourrait pas s'empêcher de dire :

« Mais vous vous y connaissez en parfums ?

— Il faut bien s'y connaître un peu en tout », dirait-il en reculant d'un pas, car il faut toujours reculer dès que le poisson est ferré. Et il réciterait son bréviaire : Calèche de chez Hermès, Narcisse Noir de chez Caron, le 5 ou le 19 de Chanel, Vent Vert de Balmain, Opium... et Puig, est-ce qu'elle connaît Puig ? Peu de gens connaissent. Mais il est sûr que ça lui plairait et en tout cas que ça lui conviendrait.

« Le type d'essence qui correspond à votre teint et surtout à votre grain de peau. Savez-vous qu'on doit avant tout accorder son parfum à son grain de peau ? »

Bien sûr, il vient de l'inventer. Mais quand on veut se rapprocher de quelqu'un sans l'inquiéter, il faut toujours essayer de lui apprendre quelque chose, fût-ce l'heure et le jour qu'il est.

Et entrer dans ses plus petites préoccupations, celles qui d'ordinaire n'intéressent personne.

« Vous devez avoir des problèmes, vous, avec le parfum, il doit se volatiliser tout de suite...

— Comment le savez-vous ? J'en mets des tonnes et au bout de quelques instants, pffuitt, disparu...

— Cela tient à ce que votre odeur personnelle est plus forte que le parfum. Vous devriez en essayer un qui contre-attaque, comme... attendez, ça va me revenir... »

Dragueur, lui ? Alors que c'est toujours elles qui à la fin le draguent. Elles qui proposent, relancent, écrivent. Ce courrier qu'il reçoit ! Des femmes qu'il n'a parfois vues qu'une ou deux fois, rencontrées dans un train, un hall de gare, qui résident à l'autre bout de la France... Les détails qu'elles lui donnent sur leur manque d'amour, leurs amants, leurs corps, leurs parties de sexe. Le manque de pudeur des femmes quand elles lui écrivent ! Comme s'il était leur confesseur. Ou leur âme sœur.

D'ailleurs, c'est ce qu'elles lui mettent dans leurs lettres : « Je pourrais pleurer des heures dans tes bras, grâce à toi, je ne me sens plus seule, tu me tiens la main dans le tunnel, c'est toi mon vrai compagnon... »

Quel tunnel ? Celui de leur vagin ?

En attendant, s'il devait avoir une main pour toutes ces mains qui se tendent, il lui faudrait cent bras, comme au dieu Vichnou ! Sans compter qu'elles veulent aussi coucher avec lui, explicitement ou pas : « Je viens à Paris la semaine prochaine, es-tu libre quelques heures ? »

Après, ce sont des coquetteries de jeunes vierges récemment déniaisées : « Trouves-tu toujours que je fais parfaitement bien l'amour ? Dis-moi si tu en connais d'autres qui le font aussi bien que moi ?... »

Il l'emmagasine très soigneusement, son petit courrier. Un jour, il en tirera peut-être quelque chose. Il faudrait qu'il voie ça avec Isabelle, mais comment parler de ces choses à Isabelle ? C'est vraiment dommage qu'elle soit si vulnérable (pour ce que tout ça compte pour lui ! mais elle n'en croit rien lorsqu'il le lui dit !) car elle est plus intelligente que les autres, et même elle le surprend. Les autres, il sait d'avance ce qu'elles vont dire, faire, écrire. Pas Isabelle.

Il n'y a que deux personnes qui le surprennent, Isabelle et lui.

La femme est descendue une station avant la sienne, et au moment où elle a esquissé un pas vers la sortie, il s'est débrouillé pour lui toucher la nuque, et les cheveux. Voilà le genre de choses qu'il lui arrive d'accomplir sans l'avoir prévu ! Les petites surprises qu'il se fait ! Et dans son dos à lui, il y a les yeux de la fille en bleu, il en est sûr. Eh bien là aussi il se surprend lui-même, car il ne se retourne pas pour chercher à avoir ce qu'il aurait probablement s'il voulait...

C'est qu'il est en retard. Annick l'attend. Ils doivent discuter de la promotion Volland. Elle peut l'aider. Elle connaît les circuits. Peut-être feront-ils autre chose. Il n'en sait rien. Il n'a pas envie d'y penser d'avance. Peut-être Annick y compte-t-elle. Qu'est-ce qu'elles ont toutes ! Il sort de chez Isabelle et il faudrait encore... Après tout, il n'est pas une bête !

A quoi s'occupent donc les autres hommes ?

V

ELLE a envie de tout reprendre. Par le début. Comme un charpentier qui, une fois arrivé au faîte, s'aperçoit que son ouvrage est de travers, qu'il lui manque un morceau, et qui s'apprête à tout défaire pour voir où il a sauté l'échelon fatal.

Ou comme le comptable qui cherche son erreur et veut repartir, recalculer depuis sa toute première opération.

Il faut qu'elle réfléchisse à ce qui s'est passé entre eux, qu'elle comprenne où elle a failli, cessé de voir clair, d'être juste.

Après seulement, elle rompra avec Pierre ; pas avant. Car si elle rompt maintenant, profitant de son mouvement de refus, un peu plus tard — ça lui est déjà arrivé — elle en sera désespérée et elle se le reprochera. Dans le sentiment d'avoir fui dès la première difficulté sérieuse.

« Mais tu ne dois pas te laisser tromper ainsi, lui dit-on quand on la voit trop vidée, une femme comme toi ne doit pas accepter d'être trompée. Tu vaux mieux que ça ! (Qu'en savent-ils ?) Ou alors trompe-le toi aussi ! »

La loi du talion, toujours.

Elle l'a fait avec Alain-Louis : dent pour dent, œil pour œil, jules pour nana, et ils ont fini par divorcer, forcément.

Parfois, elle se reproche encore de ne pas avoir tenu le coup, avec Alain-Louis, de ne pas avoir essayé de comprendre pourquoi il avait besoin, envie d'autres femmes, et si c'était inéluctable. Et si c'était vraiment si intolérable pour elle.

Elle aimerait lui en parler. Ils sont amis, mais ce qu'ils gardent de leur ancien statut d'époux, c'est cette barrière qui les rend inaptes à aborder entre eux le moindre sujet trop intime.

Parfois elle se dit : « J'ai déserté. »

Avec Pierre, elle ne veut pas déserter, elle veut s'en aller à coup sûr. A moins qu'elle se raconte ça comme un alibi, uniquement pour rester près de lui le plus longtemps possible, le voir encore un peu, dormir encore près de lui, coucher encore avec lui. Jusqu'au printemps, par exemple.

Le printemps. C'est au printemps qu'elle l'a rencontré, cela fera bientôt deux ans. Quand ils sont ensemble, marchant dans la rue, couchés l'un près de l'autre, après l'amour, ou le matin, quand elle est réveillée avant lui et qu'elle en profite pour jouir sans bouger de leur chaleur double, de cette respiration confiante à ses côtés, elle ne cesse de penser à ce qui s'est passé entre eux depuis ce moment. De laisser les images l'envahir, se dérouler, s'enchaîner.

« Tu penses trop », lui disait autrefois Alain-Louis.

D'autres aussi le lui ont dit. Ils trouvent tous qu'elle pense trop. Que préféreraient-ils ? Qu'elle soit toute chair ? Tout confort ? Toute sécurité ? Une sorte de bibendum indégonflable ?

« Je voudrais que tu sois une grosse Flamande,

lui disait Bernard en riant et en serrant entre ses mains sa taille étroite, c'est comme ça que je t'aimerais ! »

Mais plaisantait-il vraiment ? N'est-ce pas ce que les hommes attendent des femmes, en fin de compte : qu'elles soient comme autrefois, en partie décervelées, à leur merci, à leur botte, et qu'ils soient les seuls à penser, les seuls à comprendre ? Les seuls à essayer de se frayer un chemin neuf à travers l'impossible et le désespoir ? Ou à ne pas essayer...

Elle attend Pierre dans ce bar du quartier de Montparnasse, presque vide l'après-midi, où il aime parfois lui donner rendez-vous parce qu'il y a encore des banquettes de moleskine — en fait, ça doit être du skaï — et des barres en cuivre devant les hautes glaces murales.

Il est rarement en retard lorsqu'il peut l'éviter, mais il se déplace beaucoup d'un bout de la région parisienne à l'autre, empruntant toujours les transports publics, et à l'entendre les transports publics ne sont plus ce qu'ils étaient, de moins en moins sûrs, sujets aux grèves, aux travaux, aux surcharges, aux impondérables de ce qu'on appelle l'expansion.

Un dossier ouvert devant elle, elle tâche comme toujours de perdre le moins de temps possible lorsqu'elle est seule, ou plutôt d'en gagner quand il y a moyen pour pouvoir, ensuite, le gaspiller avec lui.

C'est ce qui l'a tellement séduite, lorsqu'ils se sont rencontrés, sa relation au temps.

A ce moment-là, il en avait immensément, il en avait à revendre, il était millionnaire en temps

— chômeur pour quelque temps. Ce qui le faisait rire — à ce qu'il en montrait, du moins.

D'ailleurs, au début, Isabelle l'a à peine questionné sur son état, ses affaires, sa famille. Habitude de discrétion qu'elle conserve de sa très stricte et religieuse éducation à l'institut de la rue de Lübeck : on ne questionne pas.

On prend les gens comme ils sont — système que pratiquent également les Anglais de bonne souche — et c'est à vos interlocuteurs de vous dire, si et quand ils en ont envie, d'où ils viennent, où ils vont, quelle est leur situation de famille, de travail, de logement.

Ce que font également les gens de la route, du voyage, les gens du hachisch et du rêve : on prend l'autre pour ce qu'il est, pour ce qu'il paraît être. On prend l'autre parce qu'on aime la façon dont il bouge, s'assoit, vous regarde, sourit, dit un mot, dont il est planté là, devant vous, dans ce moment incertain du temps que l'on partage ensemble comme un morceau de pain...

Et l'on se moque bien de savoir où il a été hier, où il sera demain. C'est son affaire à lui, si même il le sait. Et puis toujours vouloir juger les gens sur ce qu'ils font ou ont fait, n'est-ce pas encore un trait abominablement « bourgeois » ? Destiné à s'assurer qu'on est bien du même monde, c'est-à-dire à égalité de possessions, de relations, de diplômes et de besoins, et donc qu'ils ne profiteront pas d'une rencontre ou d'une ouverture trop familière pour nous exploiter.

Encore une illusion bourgeoise, car on est exploiteur ou on ne l'est pas de nature, le statut n'y fait rien.

L'avait-il exploitée ?

Ils se sont rencontrés lors d'un séminaire — ces attroupements si artificiels qu'organisent des associations également artificielles, le plus souvent éphémères, dans d'admirables châteaux que leurs propriétaires ne peuvent plus entretenir, des parcs un peu abandonnés et détournés de leur destination première — l'élitisme, et la fortification — pour devenir des maisons platement ouvertes, égalitaires. Des espèces d'auberges où tout le bric-à-brac de la pensée collective tente de prendre forme et de se trouver des assises au plus bas.

Isabelle est venue là sous prétexte de prendre des notes et d'en retirer quand même quelques idées pour le compte de l'agence qui l'emploie à temps partiel (la pension que lui verse encore Alain-Louis est presque suffisante pour la faire vivre), afin de les renseigner, ou plutôt de leur donner le sentiment que sur le plan de la psychologie collective, ils sont toujours dans le coup, et même en pointe.

Le sujet du séminaire est l'étude des motivations des consommateurs en période de crise. Même s'il y a crise économique et financière, il est nécessaire que les consommateurs continuent à consommer — c'est même d'autant plus nécessaire — et aussi que les agences de publicité continuent d'exister et, pour ce faire, persuadent leurs éventuels clients que les consommateurs ne consomment que si on les y incite.

Mais habilement, c'est-à-dire autrement qu'en période d'expansion. En période de crise, il faut jouer discrètement sur d'autres registres. Faire vibrer, par exemple, comme tente de le démontrer et de le justifier un orateur, la fibre de la « bonne affaire », du « placement », de l'économie », de la « durée ».

« Pas d'accord du tout, murmure soudain une voix à son oreille, c'est exactement le contraire qu'attendent les gens en période de crise ! Il faut leur donner du rêve... du luxe... On ne leur parle que diminutions, resserrement, privations... Ils sont saturés, ils en ont marre ! Si on veut les toucher et les faire vibrer, il faut leur servir de la libido qui coule à flots, comme le champagne... »

Isabelle se retourne pour découvrir un regard froid dans un visage assez sévère, qui la scrute sans sourire. L'homme est assis derrière elle, un peu en retrait, et elle s'aperçoit qu'elle ne connaît pas son nom.

Pour lui parler, il incline la tête presque contre la sienne, elle ne voit plus son visage. Mais il est si près qu'elle peut sentir sa discrète odeur de lavande et percevoir, par l'échancrure de sa chemise, son T-shirt un peu usé et impeccablement lavé.

Plus tard, elle se rend compte que la méthode lui est habituelle et qu'il s'agit d'un calcul : il sait s'approcher tout près des femmes qu'il veut séduire et qu'il ne connaît pas, ou à peine, pour leur parler doucement à l'oreille, mais sans les toucher même d'un cheveu — l'inverse des maladroits qui pelotent, tentent de saisir, parfois brutalement, ne parlent jamais et finalement indisposent.

« Le bon truc, lui dira-t-il par la suite en riant, c'est de ne pas effrayer. Si tu touches quelqu'un que tu ne connais pas, il se bloque et tu ne peux plus l'atteindre. Mais si tu montres que toi, tu n'as pas peur de t'approcher des gens et qu'en même temps tu es inoffensif puisque tu ne cherches pas à les toucher, et toucher veut vite dire agripper, alors ils sont intéressés. »

Elle a été intéressée.

Et il ajoute : « Après, ce sont eux qui viennent vers toi. »

Elle lui a dit :

« Si on sortait dans le jardin ? »

Ce qui fait qu'il lui répète désormais : « Au fond, c'est toi qui m'as dragué... »

Au début, elle s'en est défendue, un peu vexée, trouvant que ça n'était pas juste, pas exactement ainsi que les choses s'étaient passées entre eux, et finalement, quand elle a vu comment il se comportait avec les autres, elle a accepté le fait et l'a même revendiqué : dans son cas, ça n'est pas lui qui l'a eue mais elle qui l'a choisi, et elle préfère qu'il en soit ainsi.

Le parc restait beau, avec ses allées et ses massifs à la française, ses bassins remplis d'eau stagnante, ses jets d'eau à sec, des statues moussues qui semblaient inanimées mais prêtes à revivre dès qu'ils leur auraient soufflé dessus.

Avant de s'enfoncer un peu dans les bois où percent les premières primevères, quelques pervenches, ils parcourent d'abord en étoile, et sans perdre de vue le bâtiment, toutes les allées qui partent du château, et pendant qu'il lui parle, enrichissant et développant ses vues sur le sujet du séminaire, sur la manière dont il est traité ou plutôt esquivé jusque-là, Isabelle remarque tout de suite à quel point il se tient droit, respectant maintenant presque un peu trop la distance réglementaire entre lui et cette inconnue qu'elle est encore pour lui.

Ils avancent d'un pas semblable, impatient, et Isabelle contemple de tous ses yeux le paysage, s'imprégnant de la beauté si discrètement et si classiquement travaillée du lieu.

Il y a déjà deux jours qu'elle est là, comment se fait-il qu'elle ne s'en aperçoive que maintenant ?

On est en mars, quelques bourgeons commencent d'éclater, les oiseaux piaillent de toutes leurs forces comme s'ils cherchaient à raconter, pour s'en délivrer, la misère de l'hiver, et la lumière rose et dorée des Charentes donne, plus encore qu'en pays de Loire, de la douceur au paysage ainsi qu'aux visages, à leurs visages « stressés » de Parisiens.

Mais elle n'a pas encore vraiment regardé cet homme, peut-être parce qu'elle n'est pas sûre de lui plaire alors que, sans le savoir, elle en a déjà l'envie.

Peut-être aussi parce qu'elle n'est pas non plus tout à fait certaine qu'il lui plaise vraiment.

Il l'amuse, la distrait, la change, par sa virtuosité et ses paradoxes, des autres participants du séminaire, industriels et commerciaux consciencieux, lourds, comme empêtrés d'eux-mêmes, qui écoutent la succession des exposés sur les hauts et les bas de la consommation sans réaction apparente, sans une contradiction, sans une impatience.

Mais continuera-t-elle d'apprécier ce qu'il lui dit ?

Elle écoute attentivement chacun de ses mots — le perçoit-il ? — sachant que c'est à cela qu'elle est le plus sensible chez un homme, une expression bien ou mal choisie, une tournure de phrase, une façon de jouer avec l'autre et soi-même, par le langage.

Elle l'écoute manier son outil, son instrument, son arme — le discours —, jugeant en connaisseuse la souplesse effective de sa pensée, de ses digressions, la diversité si concrète de son savoir, somme toute assez original, sans penser un seul instant à se dire que c'est avec cette panoplie-là qu'un jour il la rendra si malheureuse.

Et sans songer, par conséquent, à s'en protéger.
Comme on ne songe pas, ou bien rarement, à se défendre de la musique.

C'est qu'elle ne sait pas, ou ne s'est pas encore dit, que la façon dont chacun manie le langage n'est pas seulement un trait comme un autre de sa personne, un de ses charmes ou de ses défauts, de ses attributs en tout cas, mais que c'est aussi par là qu'il exerce une prise — bonne ou mauvaise, forte ou insuffisante — sur le monde et sur les autres.

Non qu'Isabelle soit tout à fait innocente, étant loin elle-même d'être désarmée en ce domaine, mais elle pense qu'avant tout le langage reflète ce que sont les êtres, qu'il est en quelque sorte le miroir de leur âme, et plus qu'à s'en protéger elle cherche surtout à le connaître, à pénétrer la vérité de cet homme qui a commencé à la toucher par ce qu'il dit, par la façon aussi dont il le dit.

Pourquoi se méfierait-elle d'une sympathie, d'un attrait ? Par ce petit froid de début mars, pour la première fois depuis longtemps elle se sent juvénile, et vivante et libre. Libérée. En train, sans bien s'en rendre compte, d'oublier le poids de son passé. Ou de le retrouver meilleur.

« Nous vivons pratiquement séparés, ma femme et moi, lui dit-il soudain, et si ça n'était à cause des enfants, nous le serions sans doute tout à fait. Et vous, êtes-vous libre ? »

La question serre de près ses pensées et — est-ce pour cela ? parce qu'il l'a pratiquement devinée, percée à jour ? c'est son don, comme elle va le découvrir — elle a aussitôt envie de s'en offusquer.

Ce couplet éculé sur le couple qui ne reste ensemble que pour les enfants c'est, se dit-elle, la première parole de lui qui lui déplaît.

Pourquoi lui ramène-t-il ce discours-là ? A ce moment-là ? A elle ?
L'important, elle le comprend plus tard, ça n'est pas qu'il lui parle de ses arrangements à lui, mais qu'il ait la curiosité de savoir si elle est libre, et la hardiesse de s'en enquérir.
Cessant de considérer le sable des allées qui défile sous ses pas comme les minutes et les secondes de notre existence, si faciles à fouler et tellement irrécupérables, Isabelle lève les yeux vers ce visage étranger qu'elle n'aime pas encore, qui n'a pour l'instant aucune signification pour elle, qui ne la regarde d'ailleurs pas, comme perdu dans ses pensées, ses propres bilans.
Libre, qu'entend-il par libre ?
Elle a envie de le lui demander, puis craint de se voir embarquée.
Libre, oui, elle l'est sur le plan de l'état civil, de sa pensée et de ses actes. Mais elle a encore Bernard dans le cœur, même s'ils ne se voient presque plus.
Et puis, après tout, elle ne connaît pas ce monsieur. Libre, s'imagine-t-il qu'ils vont coucher ensemble le soir même ?
Ce qu'ils font.

VI

DE temps à autre, Pierre aime reprendre contact avec ses anciennes maîtresses. Ses « copines », comme il dit.

« J'ai une copine qui travaille aux Nouvelles Galeries. » Ou bien : « J'ai rencontré une copine qui a un poste commercial chez Hachette, elle m'a donné toute sorte de renseignements tout à fait utiles et intéressants sur ce qui s'y passe en ce moment. S'ils savaient, chez Hachette, que je suis informé de l'intérieur... »

Savoir qu'il a des « copines » un peu partout, dans les grandes entreprises ou les petites, ou les administrations, et pouvoir se dire que, le cas échéant, il saurait ce qui s'y trame, lui donne l'illusion qu'il pourrait déjouer d'éventuels complots. Au besoin fomentés contre lui, qui sait ?

Dans son goût pour les copines, il y a aussi, bien sûr, la sensualité. Ou plutôt le désir de se constituer des territoires.

Ainsi, quand il se rend comme maintenant chez Annick, il aime se dire qu'il va sur un terrain de connaissance, dont il a expérimenté les réactions. Et qu'il pourra, si un soudain besoin de rapprochement ou de chaleur le prend, le satisfaire aussitôt. Cela lui donne le sentiment rassurant de ne pas dépendre.

A une époque qui n'a pas duré bien longtemps, il n'avait qu'Isabelle dans sa vie. Lorsqu'elle s'absentait quelques jours, ou même, tout simplement, s'il ne l'avait pas trouvée au bout du fil, il se découvrait infiniment malheureux. Comme exposé.

A quoi ?

Il ne le savait pas. Mais c'était intolérable.

C'est pourquoi, peu à peu, il a reconstitué par petites touches son réseau de « copines ». Et même il en a rajouté quelques autres.

Pour ne pas être pris au dépourvu en cas de défection.

Certaines se marient, ou deviennent brusquement « fidèles ». Pour longtemps ou pour un moment.

Ou ne désirent plus le voir. Comme cette Christine avec qui il a eu des rapports passionnés, au point qu'elle souhaitait avoir un enfant de lui, et puis un beau matin, sans raison — enfin si, il y avait des raisons, il sait très bien lesquelles... — elle a rompu et n'a plus jamais voulu, depuis lors, ne serait-ce que lui adresser la parole.

Ça l'a horriblement blessé, ce rejet. Ils avaient pourtant furieusement bien fait l'amour ensemble. Les femmes sont oublieuses. Et puis il a fini par s'en consoler. Auprès d'autres.

Il arrive aussi qu'il soit plutôt content lorsque l'une ou l'autre lui dit : « Tu vois, Pierre, je t'aime toujours bien, mais c'est fini, maintenant nous ne serons plus que des camarades, de bons amis. »

Sentir trop d'attente autour de lui, si d'un côté ça le rassure, de l'autre ça l'épuise.

Et puis, « bons amis », on sait ce que ça veut dire !

A l'occasion, on peut baiser entre « bons amis ». C'est même la meilleure des choses. Tromper un homme qui est absent, en voyage, en satisfaisant une petite lubie de la « fidèle », un après-midi où on n'a rien de prévu ni de plus urgent...

Quelle drôlerie que la vie. Quand il retrouve Isabelle après ces sauteries-là, il est joyeux, presque agressif.

Joyeux de sentir qu'il se débrouille toujours aussi bien, à peu de frais, et fâché de ne pouvoir le raconter à sa maîtresse en titre. Il voudrait tant qu'elle l'admire de tout ce succès auprès des femmes... Mais elle s'y refuse comme une forcenée !

Qu'elle est embêtante avec sa jalousie !

Il est sûr, il jurerait que si elle lui faisait part d'une petite affaire qu'elle aurait de son côté, d'un homme plus ou moins accroché auquel elle consentirait quelque faveur, il ne lui en voudrait pas, bien au contraire. Ils en riraient ensemble, de ce pauvre idiot qui se croit irrésistible !

Et il se renseignerait pour savoir si le type n'a pas une femme, une maîtresse, qu'il tenterait alors de séduire en contrepartie. Et qu'il séduirait.

Mais Isabelle ne comprend rien aux jeux subtils de l'amour et du hasard. Ne comprend rien aux convergences du plaisir.

En somme n'est pas amusante.

Tant pis pour elle.

Ça lui coûtera cher un jour. Il se détachera, c'est sûr. Et elle aura bonne mine, le bec dans l'eau, bramant après lui comme les autres.

Il imagine très bien Isabelle devenue l'une de ses « copines », une « bonne amie », à qui il irait rendre visite de temps à autre, n'hésitant plus, dès lors, à lui conter ses bonnes fortunes, et quand il la verrait baba d'admiration et aussi verte d'envie, alors il lui ferait la grâce d'un petit revenez-y, rapide, entre deux portes et deux rendez-vous.

Comme il fait actuellement avec quelques autres.

Ce sera sa vengeance pour l'avoir tant embêté avec ses airs de prude. Son moralisme. Et ça l'éduquera. Il faut qu'elle se mette à mieux comprendre la vie, et les hommes. A le comprendre, lui. A la façon d'Annick.

La porte de la librairie poussée, il voit tout de suite qu'elle n'est pas seule, mais occupée avec un client, et il fait mine d'en être un également, s'attardant du côté de la vitrine, consultant un ouvrage ou un autre. Par en dessous, il a vivement regardé en direction de la jeune femme qui lui rend son regard et ouvre discrètement les mains dans un geste d'impuissance.

En même temps, il dévisage férocement le type. Qu'est-ce que c'est que cet ostrogoth ? Un passant, un familier ?

Très vite, il a tout pesé du grand corps dégingandé, au cheveu bouclé, hirsute, qui ne lui plaît pas et qui parle à voix basse, comme s'il voulait lui cacher, à lui, Pierre, ce qu'il dit à la libraire. Comme s'il y avait des « secrets de librairie ». Et comme si cet individu connaissait la jeune femme — qu'il vouvoie — bien mieux qu'il n'y semble.

Pierre se fout pas mal des coucheries d'Annick, sa « copine » depuis déjà pas mal de temps, mais ça l'agace de se sentir exclu. Un homme comme lui devrait toujours être admis d'emblée partout, par tous.

Alors il se rapproche sournoisement, comme guidé par sa curiosité pour les divers titres que son œil capte de table en table ; en fait, pour tenter de se mêler à leur conversation.

Il va les forcer à se rendre compte qu'on a toujours besoin de lui, dans tous les domaines, et qu'il est plus calé que les autres, sur tous les sujets ! A peine a-t-il perçu quelques mots — Espagne, 36, Léon Blum, Guernica — qu'aussitôt il se lance :

« Le meilleur livre sur la guerre d'Espagne, c'est encore celui d'Orwell. Il a tout compris de la guerre, ce cochon-là, parce qu'il connaît à fond les Espagnols... »

Il est intervenu tout naturellement, sur le même ton qu'eux, à voix mi-basse, comme s'il s'était déjà immiscé depuis un bon moment en tiers dans leurs échanges.

« Quel est le titre de ce livre ? » finit par demander le type.

Vu de plus près, il a l'air d'un étudiant monté en graine, sans doute prépare-t-il une thèse, ce bêta, ou un articulet sur le sujet !

« *Cataluña libre*, la Catalogne libre. Mais si la question vous intéresse, je vous conseille aussi une petite brochure pratiquement inconnue sur la prise de l'Alcazar que vous trouverez à la Nationale, un chef-d'œuvre, je ne vous dis que ça, très rare. Attendez, j'ai peut-être noté la cote... »

C'est vrai qu'il note tout ou presque.

Et tandis qu'il feuillette son agenda, il a la satisfaction de constater que maintenant l'étudiant s'est complètement détourné d'Annick pour se rapprocher de lui, sans doute abasourdi par une érudition si vaste et si généreuse...

« Je ne retrouve pas le numéro de la cote, mais j'ai le titre exact et le nom des auteurs. C'est *Le Siège de l'Alcazar*, par Henri Massis et Robert Brasillach, à la librairie Plon. »

L'autre sort un calepin, inscrit, remercie. Pierre pousse franchement son avantage :

« Vous préparez un ouvrage ? »

Et le grand dadais, aux airs tout à l'heure si supérieurs, de se déboutonner, s'expliquer : oui, il fait une thèse sur un aspect particulier du conflit, l'intervention militaire russe, et justement on lui avait recommandé de lire...

Mais Pierre n'écoute plus. Il fixe la peau blême, un peu boutonneuse, les cheveux noirs — du sang basque peut-être ? — les chaussures-sabots, le jean effrangé, la veste de velours côtelé, les ongles sales. L'œil beau, la cornée presque bleutée. Il voit tout et le jugement tombe automatiquement, comme un ordinateur fournit sa fiche : natif du Sud-Ouest monté à Paris après 68, ayant traîné ses bottes ou plutôt ses sabots à Vincennes, et maintenant — toute exaltation bue — en quête d'une place du côté des maisons d'édition ou, à défaut, des journaux.

Qui crève d'une ambition nouée.

Mou au fond.

Incapable de s'inscrire à un quelconque parti politique. De prendre parti. Suivant, par-ci par-là, un cours de Foucault, de Lyotard ou de Deleuze. Baisant les filles comme ça se présente. Les baisant mal tout en les rasant avec des discours soixante-huitards.

Totalement dépassé.

Et incapable de s'en rendre compte.

Est-ce qu'il a baisé Annick, la conne ?

Tout en répondant « oui, oui » à son discours touffu et stéréotypé, Pierre a doucement repoussé le type vers la porte d'entrée. Finalement, sans savoir comment, l'autre se retrouve sur le trottoir, comme si c'était Pierre le libraire et qu'il venait de l'éconduire. Non sans lui donner l'adresse de librairies spécialisées en histoire contemporaine. Puis Pierre retourne vers Annick demeurée dans le fond de la boutique, à le regarder faire.

« Qui c'est, ce type-là, il vient souvent ?

— Il est venu quelquefois, il habite le quartier.

— Je les connais ces mecs, des désossés, des ratés, de beaux parleurs, incapables d'aller jusqu'au bout d'un travail (en quoi, même s'il est injuste et excessif sur le reste, Pierre sait qu'il a parfaitement raison, son « nez » le lui dit), tout juste bons à faire du plat aux femmes et qui se retrouvent un beau matin employés de banque ou fonctionnaires ! D'ailleurs il sent mauvais, tu l'as senti ? Se lave pas !

— Non, je n'ai pas remarqué... Tu es venu pour travailler ?

— Oui, je voulais te demander... Mais si on passait derrière, j'ai eu un petit froid à marcher toute la journée sans déjeuner, un peu de café me ferait du bien. Tu permets que je le fasse ?

— Bien sûr, dit la fille, attends, je vais fermer la porte. »

Au moment où elle va pour pousser le verrou et accrocher la pancarte FERMÉ, une fille pénètre dans la librairie. Avec un regard d'excuse vers Pierre, Annick la laisse passer et s'apprête à la servir.

Pierre, bon prince, l'y encourage d'un signe.

Elle n'est d'ailleurs pas mal, la nana qui vient d'entrer. Assez « bon chic, bon genre », tailleur gris, collant clair. Avec sûrement un de ces nouveaux soutiens-gorge sans couture ni armature qui tiennent tout le petit matériel souple et bien en place. S'il avait le temps, il ferait bien le vendeur à la place d'Annick... Bah ! une autre fois. Au fond ces bourgeoises sont des emmerdeuses. Il a surpris le regard vide, le sourcil trop épilé, une liseuse de *Elle* ou de *Marie-Claire*, il sait ce qu'elles ont dans la tête, celles-là, et dans le con.

Il préfère soulever la portière et se rendre dans la pièce du fond, là où il y a une sorte de petite cuisine, un semblant de salle de bain, un bureau, des classeurs, un divan.

Il fourrage à la recherche du café et de la cafetière qu'il trouve sans grandes difficultés. C'est qu'il connaît. Et, tout en s'activant, il se met à penser avec émotion à toutes les chambres, les placards, les cuisines, les salles de bain situés un peu partout à Paris et ailleurs, où il a ses habitudes et où il lui suffit de tendre la main pour trouver ce qu'il cherche. Parfois c'est un rasoir dont on lui a dit : « Il est à toi pour quand tu viendras passer la nuit », ou une brosse à dents qui lui demeure réservée. Bien qu'il puisse indifféremment se servir de la brosse à dents d'autrui ; les microbes, il en fait son affaire.

Tous ces lieux, les uns confortables, les autres moins, certains même carrément minables, représentent autant de petites patries, de petits morceaux de foyer pour lui qui n'en a aucun.

Quand Annick revient, elle le trouve tout souriant, détendu, humant l'arôme du café qui passe à travers le filtre.

« Arabica ?

— Comment le sais-tu puisque j'ai jeté le sac ?

— J'ai travaillé un moment dans une brûlerie. Un intérim... »

C'est vrai qu'il a fait trente-six métiers, il connaît tout et s'étonne parfois devant l'ignorance des autres. Comment peuvent-ils à ce point accepter de ne pas « savoir » ? Lui, s'il ne savait pas tout — par exemple sur l'histoire et la géographie de Paris, sa géologie, l'emplacement de ses monuments, la configuration des divers réseaux souterrains, la structure et le règlement de ses établissements publics, de ses administrations, de ses parcs et de ses musées, eh bien, il se sentirait perdu.

Oui, perdu.

La seule façon de ne pas être perdu, c'est de savoir tout sur tout. Et d'avoir une brassée de copines. Dans tous les coins.

« Sur quoi veux-tu qu'on travaille ? demande Annick de son air brave et complaisant.

— Un problème de comptabilité et de stockage. Mais avant de s'y mettre, tu n'as pas une minute à perdre ? »

Il a dit cela sans s'approcher d'elle, les mains dans les poches de son pantalon, en souriant d'un air si complice, si gentil, que la fille se sent désarmée.

Et comme il est beau garçon, à ses heures, et elle un peu solitaire, le corps manquant de caresses, et comme elle ne voit pas, puisqu'il a déjà été son amant, ce qu'elle a de plus à perdre ou à attendre, elle dit oui. Sans grand désir.

Lui non plus n'en a pas beaucoup.

Mais qu'est-ce que ça peut faire, ils feront comme si.

VII

La porte-tambour pivote si vite qu'Isabelle lève les yeux de sa lecture, devinant que c'est lui.

L'homme poursuit son chemin à travers le bar, pose le regard sur la plupart des personnes présentes, sauf sur elle. En même temps, il se dirige sans hésitation vers sa table.

Isabelle a comme un court vertige : elle se sent devenue « l'autre femme » à qui son amant a donné rendez-vous dans ce bar. Quant à elle, elle va assister à la scène. En voyeuse.

Mais si elle a le malheur de parler à Pierre de ce qu'elle éprouve, il s'en moquera :

« Je n'ai jamais vu une telle mythomane ! Tu devrais te faire soigner. »

Peut-être, en effet.

Pierre tire la chaise qui lui fait face et s'y pose de profil, sans la saluer.

Comme s'il reprenait haleine, se dit-elle, ou plutôt cherchait à se faire admirer par sa compagne sous tous les angles, avant de vraiment l'aborder.

Puis l'homme pivote — pourquoi est-elle si sensible au moindre de ses gestes ? —, allonge ses avant-bras sur la table de bois verni qui les rapproche et les sépare, et lui sourit.

Aussitôt une partie d'elle-même cède et s'écroule

dans ce trouble qui la prend parfois au contact d'un genou sous la table ou de la main baladeuse d'un quelconque dragueur, alors même qu'elle s'indigne en esprit.

Il y a deux personnes en elle, elle l'a souvent remarqué : une « midinette » prête à marcher dans tous les coups, la larme à l'œil à la moindre rengaine sentimentale, le cœur en fête au premier lilas, au premier mot tendre, et un censeur particulièrement intraitable qui radiographie les tactiques et les manœuvres de chacun.

Entre ces deux éléments de sa personnalité, c'est le conflit perpétuel, la déchirure, sauf à de très exceptionnels moments où quelque chose, lui semble-t-il, se dépasse. Ou se conjoint.

Ainsi dans l'amour physique avec un homme qu'elle aime.

A ce moment-là, la partie la plus enfantine de son cœur ne fait plus qu'un avec la plus sévère, toutes deux enfin satisfaites, et elle a fini par trouver le mot pour désigner l'état dans lequel elle se trouve alors, des larmes de joie coulant sur son visage, c'est le mot « félicité ».

« Quelle foule aujourd'hui dans le métro ! Comme par hasard, j'ai vu le R.E.R. disparaître devant moi au moment où j'atteignais le quai. J'étais en transpiration. C'est désagréable d'être en sueur quand on est serré dans les transports publics. Il y avait une nana toute rousse devant moi ! Il faudra quand même que je me paie une rousse, juste pour voir... »

Quand il est en retard, ou en tort, il cherche d'abord à se faire plaindre, gémissant, mettant en avant les difficultés de sa vie. Puis, prenant probablement conscience qu'à trop jouer les misérables il va le devenir, du moins dans l'esprit de son interlocuteur, hop, il passe à l'attaque. Et pour lui, passer à l'attaque, c'est toujours la même chose : parler nana d'un ton détaché.

Comme s'ils étaient « entre hommes » — ou auraient dû l'être.

Les premiers temps, Isabelle, choquée, a eu la maladresse de lui dire :

« Pourquoi me blesses-tu ? »

Pour s'entendre répondre :

« Mais que vas-tu chercher là ! Tu es vraiment d'une jalousie tout à fait morbide ! Je n'ai jamais vu ça chez une autre femme... Qu'est-ce que je fais, moi ? Je te raconte ce qui m'est arrivé, ce que j'ai vu, et les idées que ça m'a données ! Il faut bien rêver quand on est compressé comme des sardines ! Toi, bien sûr, tu te déplaces en voiture, mais moi je suis obligé d'aller à pied. Alors j'imagine, et si je ne peux pas te raconter mes rêves, il faudra bien que je les raconte à quelqu'un d'autre. Après quoi tu te plaindras... Pourtant, c'est une preuve de confiance que je te fais en te disant ce qui me passe par la tête. Maintenant, si tu ne veux pas de ma confiance ! »

Et il se tait, comme offensé.

Au début, Isabelle s'en voulait d'ainsi le blesser et à plusieurs reprises elle a tenté de réparer en faisant les premiers pas.

Jusqu'à ce qu'elle comprenne qu'en agissant ainsi, elle entre dans le jeu de l'homme qui d'ailleurs en frofite aussitôt — comme un enfant qui sent qu'il a barre sur un adulte — pour réclamer telle ou telle faveur, se faire octroyer telle ou telle permission. Ou la blesser encore un peu plus.

« Tiens, ce matin, au réveil, je me suis fait le portrait-robot de la femme de ma vie. Une chose est sûre, il faudra qu'elle ait de gros seins ! »

Isabelle se tait, rassemble ses feuillets, et garde les yeux baissés sur la surface brillante de la table vernie qui luit entre eux comme un miroir. Espace vide, net, où tout peut encore s'inscrire, le plaisir ou la peine.

Tout récemment, sur le ton léger de la plaisanterie ou du propos badin, tandis qu'ils marchaient dans la rue, pas même côte à côte, il lui a demandé si elle ne voulait pas l'épouser :

« Et si on se mariait tous les deux ? »

La proposition à ce moment-là était si incongrue qu'elle a surtout cherché ce qu'elle pouvait bien lui répondre sans le blesser, qui lui donne le temps d'y réfléchir, et surtout de sonder son sérieux : « Attends au moins que nous soyons assis pour me dire des choses pareilles, sinon je vais tomber ! »

Il ne lui en a plus reparlé.

Plus il a envie de se jeter vers moi, s'est-elle dit, de recommencer sa vie avec quelqu'un qui cherche vraiment à le comprendre, l'aide à renaître, à naître enfin une bonne fois, plus il bloque, se raidit.

Elle le devine au pli soudain plus serré entre ses deux sourcils et à la façon dont il la dévisage alors, cherchant la faille, le reproche à faire, et ne trouvant que des broutilles, une poussière au coin de l'œil, une tache imperceptible sur son vêtement, des verres de lunettes — si elle en porte — mal essuyés.

Il pointe alors du doigt vers le « défaut », y prenant prétexte à reproche, gronderie, agacement, et surtout une raison — d'autant plus imparable qu'elle est absurde — de la rejeter.

Tu n'es pas celle qu'il me faut, celle que je veux, tu as une « tache », tu n'es pas parfaite, tu n'es pas impeccable, tu es répréhensible ! (Y a-t-il eu quelqu'un, une femme, dans son passé ou son ascendance, de « répréhensible » ou pouvant être considérée comme telle ? se dit alors Isabelle, et elle a envie de lui poser la question, mais il l'enverrait promener, elle et son « psychanalysme », d'un revers de main.)

Il suffit, à ces moments-là, qu'Isabelle lui propose d'aller déjeuner pour qu'il réplique : « Je n'ai pas faim », ou : « Je n'ai pas envie de dépenser de l'argent au restaurant... »

Si c'est elle qui a suggéré la première d'aller au cinéma — d'habitude son refuge — il fulmine : il y est allé la veille, ou quelques heures auparavant, et cette consommation boulimique d'images à laquelle se livrent ceux qui n'ont rien à faire — sous-entendu : les gens de son espèce à elle — l'exaspère.

D'ailleurs, on ne passe rien de bon en ce moment, à se demander à quoi songent les producteurs, les distributeurs, les réalisateurs et tous ceux qui gâchent si gaiement et si résolument l'argent des « avances sur recettes » et des spectateurs.

Ce qu'il supporte le moins, c'est qu'elle manifeste la première le désir de quelque chose, en particulier de faire l'amour.

Bernard était ainsi, se rappelle Isabelle. Et même Alain-Louis. Chacun à sa manière.

Alain-Louis, c'était au nom de sa sacro-sainte organisation. Dès qu'Isabelle proposait un week-end, un divertissement, un voyage sans but ou sans utilité, juste pour être ensemble, rêver côte à côte, il ne disait jamais « non » — car il était très attentionné avec elle, très « homme du monde » — mais il disait toujours « plus tard ». Quand il aurait réglé tel ou tel problème, telle ou telle question urgentissime.

Isabelle revoit ses yeux pâles, et l'air implorant qu'il prenait alors, non pour qu'elle acceptât qu'il n'en fît qu'à sa tête — depuis longtemps, il était établi qu'il n'en faisait jamais qu'à sa tête — mais pour qu'elle lui pardonnât. Qu'elle ne lui en voulût pas. Qu'elle restât de bonne humeur. Qu'elle fût « heureuse ».

Elle a relu récemment des lettres qu'il lui a envoyées autrefois et a été surprise de découvrir à quel point il répétait : « Sois gaie. » En fait, il était la plupart du temps absent, il la négligeait, mais il voulait, exigeait qu'elle fût gaie.

Elle l'avait été de moins en moins, elle avait cessé de l'être. Ils avaient divorcé.

Quant à Bernard, sa façon de refuser que ce fût elle qui prît la moindre initiative était de « bloquer » complètement. Il tombait dans un silence tombal, une sorte de catalepsie.

Elle lui disait : « Qu'as-tu ? » Il répondait : « Rien. »

Puis, brusquement, il se levait pour partir. Isabelle en avait un coup au cœur, il venait à peine d'arriver ! « Tu t'en vas ? — Oui, j'ai un rendez-vous à mon bureau. » Mais alors, pourquoi était-il venu ? Mais pour lui faire plaisir, voyons ! Mais pourquoi ne l'avait-il pas prévenue qu'il serait pris aussitôt après le déjeuner ? Parce qu'il n'avait pas voulu gâcher leur déjeuner...

Isabelle avait fini par ne plus rien proposer la première, profitant comme un oiseau en hiver de la moindre petite miette d'élan qu'il pouvait avoir envers elle.

Et, malgré cela ou à cause de cela, parce qu'elle ne demandait et n'exigeait finalement plus rien, leur relation avait commencé à se détériorer — et un jour ils avaient cessé de se voir, elle ne se rappelait même plus sous quel prétexte.

En fait, elle venait de rencontrer Pierre.

Avec Pierre, c'était autre chose : au moins, celui-là, il avait du temps, et comment vivre un amour sans temps ? Et puis il parlait, savait se donner en paroles. Alors de quoi se plaignait-elle ? N'était-il pas l'homme idéal ?

Tout de suite, elle avait senti que quelque chose clochait, ou plutôt n'était pas en place, que cet homme n'était pas tout à fait « sérieux ».

Mais qu'est-ce que ça pouvait faire ?

Elle avait vécu avec des hommes sérieux, plus que sérieux, avait cru étouffer, mourir asphyxiée. Enfin elle connaissait un homme qui n'était pas sérieux, qui avait le temps de l'entraîner dans sa légèreté. Quelle griserie ! Quel mal y a-t-il à vivre, vivre enfin ?

Même maintenant, il suffit qu'il soit là pour qu'elle sente que n'importe quoi peut arriver.

On devrait faire bien attention au début des rencontres, s'était-elle dit plus tard, trop tard, elles contiennent un germe et vous livrent en quelques heures tout ce qui va se passer par la suite. Comme les bébés d'un jour ont déjà, si on les regarde bien, les traits exacts des adultes qu'ils seront.

Ensuite tout se brouille, redevient flou — et c'est seulement quand le temps a passé et qu'on est arrivé au terme d'une aventure ou d'une vie qu'on se dit : « Mais je le savais bien que ce serait comme ça, je le savais depuis le début ! »

Pierre a bu son verre de bière, jeté les yeux sur un journal qui traîne à portée, car la lecture de n'importe quoi, fût-ce d'un prospectus, lui est d'un grand secours dans les moments où il n'a rien à dire à la personne qui est là, ou plutôt lorsqu'il éprouve le besoin de se retrancher en lui-même quelques instants, peut-être pour retrouver son équilibre, une unité intérieure que menace perpétuellement sa vie trop dispersée.

Comme il se sent mieux, étonné que sa compagne ne lui pose aucune question sur son emploi du temps — l'expérience a fini par apprendre à Isabelle que trop s'intéresser aux faits et gestes quotidiens de cet homme, curiosité qui fait si plaisir à la plupart, est ressenti par lui comme une intolérable inquisition, une enquête de style policier —, Pierre a fini par se rasséréner.

Et une envie lui vient.

« Partons d'ici, dit-il à sa compagne comme s'il avait médité son coup alors qu'il l'improvise dans l'instant, je t'emmène, je veux te montrer quelque chose. »

Isabelle referme rapidement son classeur, enfile son manteau, prend son sac et se lève avec la précipitation fiévreuse qui s'emparait d'elle lorsqu'elle était enfant et que son père lui disait : « Je suis venu te chercher, prépare-toi ! »

Et on allait au cirque, au manège, au jardin public, en automobile, à Fontainebleau, et on quittait la vie normale, la vie ennuyeuse, la vie sérieuse, la vie sans excès, sans but, sans plaisir, et on vivait vraiment !

Comme en cet instant.

VIII

« JE t'emmène visiter un de mes lieux secrets, lui dit Pierre dès qu'ils sont installés dans la voiture. Tu veux bien que je t'emmène visiter mes lieux secrets ? Un endroit où je n'ai encore jamais mis les pieds. Une sorte de cimetière. »

Isabelle est au volant, comme toujours lorsqu'ils partent en promenade, et l'homme entreprend de la guider par les quais de la Seine, en direction de la porte de Charenton.

Est-il vrai qu'il ne s'est encore jamais rendu là avec personne ? Le jour où il l'avait fait pénétrer derrière les grilles et sous les ombrages des entrepôts de Bercy, il l'avait également prétendu, pour lui avouer par la suite que c'était un de ses lieux de « drague » et de séduction favoris.

« Immanquable, elles croulent tout de suite après, quelquefois pendant...

— Sous les arbres ?

— Sous les arbres, oui ! »

Avec lui rien n'est jamais sûr et cette « première » à laquelle il la convie en est-elle une ?

Aux approches de la gare de Lyon, son compagnon lui enjoint de quitter les quais pour aller vers la Bastille où il lui fait prendre par le faubourg Saint-Antoine.

Isabelle regarde de tous ses yeux, aussi heureuse de traverser avec lui ces quartiers, qu'elle connaît mal, que s'ils partaient pour de bon en voyage.

Elle aimerait savoir où ils vont, mais elle aurait tort de le lui demander. Il risquerait de l'envoyer bouler, tant il a horreur qu'elle l'interroge sur l'avenir ou le passé.

Elle le connaissait à peine qu'elle avait voulu l'interroger sur son père. Ils étaient seuls, loin de Paris, roulant comme aujourd'hui en voiture. Elle se souvient de la rage qui s'était emparée de lui : « Je n'ai pas l'habitude qu'on me pose des questions pareilles ! Qu'est-ce que c'est que cette inquisition, tu veux quoi, me mettre en fiches ? »

Comme si elle était une ennemie et qu'il devait se garder contre elle.

Et, à l'idée qu'il pouvait la prendre pour « l'ennemie », Isabelle s'était rapetissée sur son siège comme une bête malade d'être trop souvent battue, de trop recevoir de rebuffades, alors qu'elle quémandait seulement un peu d'affection et qui ne sait plus que se traîner, prête à tout, et même à l'occasion à déguster un bon morceau, quelque caresse inespérée.

Ce qu'elle fait lorsque, arrivant à la Nation, il lui pose la main sur la cuisse. Et l'y laisse.

Non loin du croisement de la rue de Picpus et du boulevard Fabre-d'Eglantine, l'homme lui fait garer la voiture à la première place libre.

« Il va falloir marcher un peu. »

Aussitôt hors de la voiture, il fonce en avant, courant presque, se parlant à lui-même.

« Tiens, des bâtiments neufs, qu'est-ce que c'est ? On a dû dépasser... »

Rebroussant chemin, il croise Isabelle sans

paraître la voir, stoppe net devant un passage voûté où il s'engouffre. Un instant plus tard il reparaît, hoche la tête, gesticule, s'arrête encore pour déchiffrer une inscription sur un mur, puis brusquement se frappe le front, l'air illuminé et comme s'il avait totalement oublié sa compagne.

Un enfant, se dit-elle.

Un enfant au travail sur lui-même et qui n'est jamais plus près de sa virilité que dans la solitude. Sans aucune femme à ses côtés.

C'est ainsi qu'elle l'aime le plus — mais à quoi bon le lui dire ?

Quand elle le rejoint, elle prétend seulement avoir eu du mal à le suivre, à cause de ses hauts talons qui se tordent sur les pavés.

L'homme lui prend le bras pour l'aider à avancer plus vite et, tout en scrutant chaque pan de mur à droite et à gauche de la rue de Picpus, il continue à discourir.

« J'aurais aimé être archéologue ou psychiatre, d'ailleurs c'est la même chose ! »

Subitement, Isabelle respire mieux, saisie d'un léger espoir : et si c'était là sa vraie vocation, l'exploration du monde intérieur d'autrui, celle qui lui permettrait de sublimer au mieux, de la façon la plus payante pour lui (elle songe aussi à elle : de la façon la moins douloureuse pour elle), son maladif désir de rencontres ?

Elle a l'air si concentrée — comme chaque fois qu'elle l'écoute parler de lui-même — que Pierre en éprouve de l'agacement : cette femme prend bien trop au sérieux tout ce qu'il lui dit et cherche trop à « l'aimer » là où il ne se sent pas particulièrement aimable...

« Surtout à cause du divan pour les dames ! »

La femme se rejette en arrière, sa plaie toujours à vif.

« Comme si elles ne te racontaient pas suffisamment leur vie dans un lit !

— C'est avant, qu'elles me la racontent, avant qu'on les touche... »

Et à nouveau elle le revoit et il la ravage, ce visage naïf et illuminé des femmes prêtes à s'abandonner au manège d'hommes tels que lui, ayant l'art, à froid, de les séduire en les touchant au point le plus « féminin » de leur être, et de ce fait même le plus délaissé.

« Ça doit être là ! »

Il s'écarte d'elle — et elle n'aime pas qu'il la lâche, surtout lorsqu'il vient de la blesser — pour faire fonctionner le bouton qui commande l'ouverture de la porte cochère.

Devant eux, une cour pavée, rectangulaire et d'allure sévère, avec, sur sa droite, une loge de gardien inoccupée.

L'un suivant l'autre, ils traversent avec précaution l'espace désert pour déboucher, au-delà d'une porte en fer entrouverte, dans un lieu parfaitement provincial.

Ce carré d'herbe tout juste entretenu, ces quelques rosiers aux bourgeons déjà gonflés pour refleurir, cette allée de tilleuls, ces ormes, ces frênes, ces marronniers où percent les premières feuilles, et ce vide, surtout, ce vide, cet espace aux lignes abandonnées que ne contraint pas la discipline d'un jardin public, leur est comme un souffle de liberté !

Pierre ralentit brusquement le pas, surpris, pour se rapprocher de sa compagne. Passe le bras autour de sa taille.

Ses gestes sont meilleurs que ses paroles, se dit la femme.

« Où sommes-nous ? »

Mais l'homme avance sans lui répondre, comme

si toute question, venue d'elle, fût-ce la plus banale, n'était qu'un filet pour l'attraper.

Refusant d'admettre qu'elle a commis un impair, la femme insiste :

« Mais qu'est-ce que c'est, dis-moi ? »

L'homme n'a toujours pas envie de répondre, comme il n'a pas envie, parfois, de demander son nom à une fille qui lui plaît, mais de l'approcher d'abord par le regard, le geste. Les préliminaires verbaux affadissent sa surprise. Et cassent son désir. En cela réside — car il en a une ! — sa pudeur d'homme.

N'a-t-il pas parlé de cimetière, tout à l'heure ? Pourquoi Isabelle entend-elle toujours autre chose que le sens littéral de ce qu'il exprime ? Tant pis pour elle si elle n'attache pas à ses mots suffisamment d'importance !

A son bras la femme s'est raidie.

L'un de ses stupides accès de soupçon ? Se demandant qui il a déjà emmené là et ce qu'il lui cache ?

Ils sont au centre de la longue bande de verdure, là où, à l'abri de son infranchissable carré d'herbe et debout sur son socle, un petit personnage — cousin de celui de la Bastille ? — paraît éternellement prêt au départ.

L'homme et la femme s'immobilisent, l'un à côté de l'autre, comme s'ils méditaient de concert sur la valeur artistique de l'objet.

Quand Isabelle comprendra-t-elle que c'est en partie de sa faute à elle s'il lui est nécessaire, indispensable, de se trouver des confidentes ailleurs, des femmes pour qui il n'a pas réellement d'existence ?

Ce qu'il aime en effet par-dessus tout, dans ces personnes de rencontre et de passage, c'est qu'à leurs yeux il ne compte pas.

Elles ont leur vie, leurs occupations, leurs amants, leurs maris, leurs enfants, et surtout leur sublime, royale indifférence à son égard, tout en étant, s'il le leur demande par-ci par-là, tout oreilles et ventre ouvert.

Il leur doit l'essentiel : sa survie.

Et la possibilité de maintenir une excellente opinion de lui-même.

A trop s'occuper de lui, trop l'aimer, trop vouloir qu'il « progresse », s'améliore, Isabelle parfois le tue, l'humilie. Comment ne s'en rend-elle pas compte ?

La femme est toujours tournée vers le centre du jardin. Par ce petit printemps tardif, l'homme lui tient chaud sans même qu'il la touche. Elle apprécie aussi qu'il soit droit, plus que droit, redressé. Comme si c'était là l'essentiel de son travail d'homme : lutter contre l'horizontalité.

Subitement elle se met à désirer très fort, à l'instar de sa peau, le contact un peu pelucheux de son chandail.

Les mains enfoncées dans ses poches, pointant les coudes afin de protéger son espace intime de toute intrusion, il la bousculerait si elle s'y aventurait. C'est manifeste.

Pourtant il haïrait se trouver ici tout seul ! Alors que cherche-t-il à lui faire comprendre avec ses airs de porc-épic ? (Sans l'avouer ouvertement car il y faudrait du courage, plus qu'il n'en a !) Qu'il préférerait à présent la compagnie d'une autre ? N'importe quelle autre du moment qu'il ne s'agirait pas d'elle ? Quelque femme anonyme qu'il ne connaîtrait pas ?

Voilà son tort à elle, Isabelle : ne plus être n'importe qui pour lui !

C'est cela qui lui est si lourd à porter toute seule : le fardeau d'être cette femme qui s'appelle Isabelle. Pas une autre.

La première, elle se met en mouvement pour suivre le chemin jusqu'au bout de l'enclos. L'œil arrêté au passage par quelques touffes de genêts en fleur et plusieurs figuiers où feuilles et fruits ont commencé de pointer ensemble.

Des pans de murs à l'ancienne comme on ne sait plus en construire, qui au cœur de leur immobilité de pierre gardent le charme des choses vivantes, travaillés par les saisons, envahis par les mousses et les insectes, protègent l'extrémité du terrain.

Vers la droite, une grille basse ouvre sur un petit préau mal défini et comme plus secret encore.

« C'est là, dit Pierre, ça doit être là !

— Mais quoi ? répète Isabelle attristée que son amant continue de la maintenir à l'écart.

— Vois toi-même ! Qu'est-ce que tu crois qu'on met derrière une grille ? Qu'est-ce qu'on enterre au pied d'un mur ?

— Je ne sais pas, moi, des morts...

— Oui, des morts, tu y es !

— C'est la tombe de qui ?

— Voilà, mystère, la Révolution. »

Isabelle se tait, brusquement devenue rêveuse. L'aile de l'Histoire vient de la frôler et, d'une façon inexplicable, l'aile de l'Histoire, même quand il s'agit d'une histoire tragique, lui paraît toujours consolante.

Les deux mains accrochées à la grille, elle contemple un minuscule morceau de gazon planté d'ifs assez mal portants, autour de quatre stèles de pierre grisâtres et quelque peu rongées.

Le vert si vif et si mordant de l'herbe nouvelle

la fascine, l'envahit. Le vert, dit-on, est apaisant. Or voilà que ce vert l'assaille, l'épuise.

Un instant, elle ferme les yeux et ce qu'elle retrouve alors, sous ses paupières closes, c'est la couleur complémentaire de tout ce vert — un lac de sang.

« Qu'est-ce que c'est ? » dit-elle.

Elle a crié à voix basse. Et cette fois l'homme lui répond.

« Une fosse commune. Ou plutôt deux. Il y a là 1 306 personnes enterrées, 1 002 dans la plus petite, 304 dans la plus grande. »

Comment se fait-il qu'il sache de tels chiffres par cœur ? A-t-il lu ? S'est-il renseigné ? Est-il donc venu là tout récemment, contrairement à ce qu'il prétend ?

Tout à coup, elle se moque de ce qu'il a bien pu faire, fera. Elle n'est plus avec lui, elle est avec la douleur.

Elle est la seule — elle le sent — à savoir vraiment ce qu'est la douleur.

Lui raisonne, possède des notions, des connaissances, est bien informé. Mais c'est tout. Il reste à l'extérieur.

Tandis que la femme est tout entière à sa douleur de vivante embrassant la douleur des morts.

S'entreprend alors, à travers elle et à son corps défendant, la tâche inouïe, insensée, impensable, de les baiser tous et un à un au front, ces 1 306 torturés dont elle ne connaît rien. Mais dont elle se sent devenir, pour un instant, la chair et le sang — puisqu'elle est là, vivante, près de leurs os, et qu'eux ne vivent plus.

Arrêté à quelques pas d'elle, Pierre la regarde. Il connaît bien, chez Isabelle, cette capacité de s'absorber dans le songe et de se laisser emporter alors par son imagination jusqu'au bout de ce qu'elle peut flairer, extraire d'une situation, d'un lieu, d'un instant.

Mais, comme de tout ce qu'il croit hors de sa portée, il s'en irrite : n'est-ce pas aussi ce qui la rend si fantastiquement jalouse ?

Jamais il n'a vu ça chez une autre femme, il suffit d'une rognure d'ongles, d'un cheveu, d'un soupçon, moins encore, d'une odeur, d'un regard, d'une intonation, et elle échafaude tout un roman — qui n'est, c'est vrai, pas toujours si roman que ça !

La capacité qu'a sa compagne d'aller droit à la vérité par sa seule intuition l'exaspère. Il craint cette force de pénétration qu'elle ne fait aucun effort pour retenir — d'ailleurs le peut-elle ?

« Tu n'en as pas assez d'avoir toujours raison, lui dit-il parfois, ça doit être fatigant à la longue de se sentir si supérieure ? »

D'une certaine façon, il ne parvient pas à la « tromper » et il s'en venge en paroles.

En même temps, quand elle ne s'occupe pas de lui, comme en ce moment où, collée contre cette grille, elle reste perdue dans ses pensées, emmitouflée dans ses vêtements de laine superposés qui lui donnent un air plus clos encore, il a envie de lui avouer tous ses secrets.

Ses erreurs. Ses échecs. Le plus scabreux de ses désirs. Même si cela doit lui faire mal. La scier.

L'homme s'éloigne des abords de la fosse pour déambuler dans le cimetière proprement dit où s'alignent, sans une fleur, quelques rangées traditionnelles de caveaux et de pierres tombales.

Le plus terrible dans une relation intime, se dit-il en déchiffrant machinalement les noms et les dates sculptés dans la pierre et à quoi se résume finalement toute vie, c'est qu'il n'y a pas de loi, pas de code, pas de frontières. Pas de territoires. Pas d'interdits.

On peut tout se permettre en amour, tout tenter.

Une seule sanction : la rupture.

Et encore, s'est-on vraiment séparé d'un être parce qu'on le quitte ? Est-ce qu'il ne continue pas de nous « travailler » comme un termite installé une fois pour toutes, pour la vie et pour l'éternité, dans le corps et l'âme de son hôte ? Même si on ne connaît pas le nom, même si on n'a pas vraiment regardé le visage, même si on l'a oublié.

Les doigts d'Isabelle quittent peu à peu les barreaux de la grille, désormais elle sent qu'elle est soutenue par plus fort qu'elle. Par les morts.

Pivotant sur elle-même pour se retourner vers le jardin, elle ne voit plus Pierre, mais ne le cherche pas.

Ses pas la mènent d'eux-mêmes jusqu'à un banc qu'encerclent quelques arbustes.

A l'autre bout du jardin, la haute silhouette de l'homme vient de réapparaître. Qu'est-ce qui a bien pu lui donner l'envie, en plein après-midi parisien, de venir dans ce cimetière, fleurer ces derniers vestiges d'un passé disparu et qui ne le concerne pas ?

Est-ce le souci de ses racines qui le travaille ?

Cet homme solitaire.

Plus que solitaire, se dit tendrement la femme, parfois perdu. Et qui peut supporter longtemps d'être perdu ?

Elle le regarde de loin jeter à nouveau sur l'emplacement des fosses et des quelques plaques apposées à l'extrémité de l'enclos — qu'elle-même ne s'est pas donné la peine de lire — ce coup d'œil si précis et comme photographique qui est le sien.

Tout à coup, Pierre lui semble infiniment étranger à ces lieux qu'il arpente avec la familiarité désinvolte de quelqu'un qui y serait déjà venu et y reviendra chaque fois qu'il le voudra.

L'idée lui vient que c'est justement parce que ces mausolées ne sont rien pour lui que l'homme peut jeter sur eux ce regard si intensément scrutateur. Empreint d'une avidité cachée.

Si le destin l'avait voulu, se dit la femme, il n'y aurait pas eu plus fidèle et plus enraciné que lui.

Souvent, elle a souffert d'assister au sabotage volontaire de ses relations avec les autres hommes, lui qui sait se montrer si habile, trop habile, dès qu'il s'agit de femmes.

Sec, insolent, refusant le contact, il agit avec eux comme s'il y avait danger pour lui à fréquenter cette espèce-là... Comme s'il craignait de devenir comme eux et d'adopter, par mimétisme, leur genre de vie.

Trop régulier pour ce semi-vagabond, cet homme né ailleurs et qui, d'une certaine façon, ne s'en remet pas.

Est-ce à cause de cela — pour ne pas en crever ? — qu'il préfère les femmes ? Ne veut savoir, connaître que les femmes ?

Pierre est venu se placer derrière sa compagne, toujours immobile sur le banc, et il pose les deux mains sur ses épaules, comme s'ils étaient un couple qui contemple le même spectacle. Cœurs accordés.

« Il y a longtemps que je voulais venir ici », murmure-t-il.

S'il pouvait ajouter « avec toi », se dit la femme.

Si seulement ce frein qui le retient dans ses meilleurs élans cédait ne fût-ce qu'une minute, ils pourraient jouir ensemble d'un moment de vrai bonheur.

Mais l'homme ne dit rien et c'est elle qui reprend :

« C'est cela qu'on appelle le cimetière de Picpus ?

— Oui. »

La voix de son compagnon est bonne, comme le poids de ses mains sur ses épaules, et elle y puise le courage de continuer à chercher à se rapprocher de lui. Le conquérir. Le quérir.

« J'en avais entendu parler, mais je croyais que c'était plein de tombes.

— Pendant la Révolution, on a entassé ici les corps d'aristocrates guillotinés, et aussi de gens du peuple, et on les a déversés en tas dans ces fosses. On en avait même creusé une troisième qui n'a pas servi. Elle est là, dans ton dos. La Révolution s'est arrêtée juste avant. C'est sur cette pierre, à quelques mètres de toi, que ceux qui acheminaient les corps les dépouillaient, pour les revendre, de leurs bijoux et de leurs vêtements. Certains disent que Robespierre a finalement fait partie du lot.

— Tu sais, poursuit la femme qui soudain se sent protégée et comme enrobée par l'âme des massacrés, je fais souvent un rêve, toujours le même. Je me trouve à Paris, dans mon appartement ou un autre. Je pousse une porte, et tout à coup je m'aperçois qu'elle donne sur un jardin. A côté de mon appartement, en pleine ville, il y a depuis toujours un jardin et il me suffit d'ouvrir une porte pour y accéder. En même temps, je sens que je l'ai toujours su. C'est comme ici : on pousse une porte cochère, on quitte la rue, la circulation, et on se trouve dans un jardin qui est là depuis deux siècles, désert, plein d'oiseaux, à nous attendre... »

La femme a parlé d'une voix basse, comme pour elle-même. Elle n'est pas bien sûre que l'homme l'écoute ni même qu'il se rende compte à quel point elle lui livre là le plus intime d'elle-même, son désir de paix, de tranquillité, d'amour, peut-être aussi d'enfantement. Et aussi sa crainte que les autres n'entrent dans son jardin que pour tout y piétiner.

L'homme a très bien compris ce que sa compagne lui dit : prends-moi, accepte-moi.

Mais s'il la prenait, celle-là, il cesserait d'être disponible pour toutes les autres. Pire encore : pour lui-même. Et c'est pour cela qu'il ne veut pas. Ne peut pas.

Maintenant Isabelle s'est tue, le souffle retenu, attendant le bon vouloir de son partenaire pour poursuivre leur duo.

Mais rien ne vient. Pierre se tait obstinément. Et comme il sent bien, tout de même, qu'il faut qu'il fasse quelque chose, au lieu de parler il s'abandonne à ce qui lui est le plus facile : profitant de sa position dominante, il entreprend de dénouer la longue écharpe que sa compagne porte autour du cou et de dégrafer ses vêtements.

Puis il introduit sa main dans l'encolure de son chandail jusqu'à ce qu'il trouve un sein dont il cherche à exciter la pointe.

La femme sursaute. En même temps, la chaleur subite au creux de son ventre lui rappelle qu'elle aime cette main et qu'elle désire cet homme.

Après tout, le mieux est peut-être de s'abandonner à ses caresses, sans voir plus loin ?

Mais elle se dit aussi qu'il y a bien de la prestesse dans son geste et qu'il doit l'accomplir avec la même aisance dès qu'il se trouve seul avec une femme qui commence à lui plaire.

Sa prédilection le portant de préférence vers ces employées, ces secrétaires auxquelles il rend si souvent visite sous un prétexte ou sous un autre.

Et pourquoi refuseraient-elles ? se demande la femme dans une rancœur subite.

C'est agréable, un homme propre et élégant qui vous trousse sans rien exiger d'autre qu'un sourire, un peu d'attention, et surtout qu'on veuille bien le distinguer dans le troupeau des autres trousseurs de jupon, car lui ne viole pas. Il sollicite toujours l'accord, attend la demande expresse, l'invitation.

Moins par délicatesse, pense Isabelle, que pour s'assurer que, par la suite, on ne lui en voudra pas.

Car cet homme, à certains égards si entreprenant, ne supporte pas qu'une femme ait du ressentiment contre lui — bien qu'il s'ingénie parfois à le provoquer — et lui garde si peu que ce soit rancune.

A croire qu'il lui est indispensable — se dit Isabelle que l'amertume rend ultra-lucide —de s'intégrer aux femmes, comme s'il en faisait partie.

Pour lui, chaque nouvelle expérience sexuelle, au lieu de l'obliger à fermer des portes et à renoncer aux précédentes, élargit au contraire son champ et sa liberté de circulation parmi toutes, son installation dans leur giron collectif.

Son idéal serait d'avoir sa place attitrée chez les femmes, comme l'eunuque dans le harem.

Elle se souvient de ce jour où, invité pour la première fois chez des amis à elle, il n'a eu de cesse de s'introduire à la suite de la maîtresse de maison dans sa cuisine, portant les plats, lavant les verres — en fait, cherchant à pénétrer dans l'intimité de cette femme qui n'y pouvait mais.

Ce qui avait fini par gêner tout le monde, sauf lui.
Tactique parfaitement étudiée. Ne lui a-t-il pas avoué, au début de leur liaison, qu'il commence toujours, s'il le peut pas « s'introduire dans la cuisine » avant de « viser la chambre à coucher » ?
Il en avait usé de même avec elle lorsque, la connaissant à peine, il fit en sorte de passer tout un après-midi dans sa cuisine, sachant qu'elle attendait des invités, à sagement peler des fruits et éplucher des légumes...
Son regard qui errait parmi les frondaisons revient sur la dalle toute proche du Champ de la Désolation — ainsi nomme-t-on le fond du jardin, lui a dit Pierre.
Est-il vrai qu'elle a trop d'imagination ?
Elle songe soudain aux jeunes corps vivants — certains n'avaient pas vingt ans — tremblants, suants, entassés dans les convois du supplice, une charrette pour les hommes, une charrette pour les femmes.
Elle voit ce qu'on a vu là. Les corps des suppliciés brutalement mis à nu et jetés au trou, cette fois sans différence de sexe, membres emmêlés, encore chauds. Les chairs commençant à se décomposer ensemble dans un terrible et sauvage mélange. Une seule chair. Un seul charnier.
La femme vivante se lève, se retourne. Regarde son amant. Sans un mot. Le charnier, la promiscuité, n'est-ce pas exactement la même chose ?
Est-ce parce qu'il est un homme qu'il ne le sait pas ?
Est-ce parce qu'il le sait qu'il l'a conduite ici sur ce qu'il lui a dit être l'un de ses lieux secrets ? Comme par hasard un cimetière ! Don Juan, va !
Elle l'aime si fort que soudain c'est la haine.

Ils quittent les lieux en silence, à nouveau distants.

A la première bouche de métro, Pierre demande à Isabelle d'arrêter la voiture et descend. Il ne lui dit pas où il va et elle ne pose pas la question. Mais elle a le cœur serré parce qu'il la quitte sans lui fixer de rendez-vous.

Pourquoi s'arrange-t-il si souvent, après leurs rencontres, pour que ce soit si dur ? Trop dur, oui, trop dur.

Et pourquoi demeure-t-elle devant lui tellement sans défense, comme une enfant ? Oui, comment s'y prend-il pour la réduire toujours plus à un rôle et à un état d'enfance ?

Isabelle redémarre comme on se sauve, mais se sauver, même vite, elle le sait, ne mène jamais nulle part.

La souffrance est ronde, ronde comme la terre, ronde comme la vie, et l'attend déjà là où elle va.

IX

Son premier mouvement, chaque fois qu'elle éprouve un grand malaise, est de reprendre le chemin de son appartement, avec le sentiment inexplicable qu'au-delà du monceau de rues et de maisons qui l'en séparent, il existe un lieu où elle sera mieux.

Où sa douleur, en tout cas, sera mieux. Comme si sa douleur était une personne et qu'elle avait besoin de ses aises.

En fait, Isabelle n'arrive pas à se sentir « chez elle » dans cet appartement.

Elle entend les autres dire « chez moi », ou « je rentre à la maison », mais pour son compte elle ne parvient pas à prononcer ces mots.

La maison, c'est là où quelqu'un vous attend, partage avec vous le même espace, gestes et possessions confondus.

Un foyer.

En aucun cas, elle ne peut appeler ainsi ce lieu vide où meubles et objets semblent s'accumuler moins pour leur utilité que par hasard. Parce qu'ils ont toujours été là. Longue cohabitation qui fait qu'elle s'y est peu à peu attachée, alors même qu'elle ne les a ni choisis ni voulus.

« On finit par aimer aussi les enfants non désirés ! »

Elle s'en veut de cette sentimentalité bêtasse

qui l'empêche de se débarrasser de la moindre parcelle de ce mobilier disparate, comme si le plus petit élément de ce bric-à-brac était une créature vivante.

Ou plutôt comme s'il possédait un sens la concernant, qu'elle n'est pas encore parvenue à déchiffrer, ce qui la force à en prendre soin jusqu'au jour, proche ou lointain, où elle y arrivera.

Alors elle jettera tout, elle en est sûre !

En attendant, elle s'exaspère de son rôle dérisoire de « gardienne au cœur fidèle ».

« Je me conduis comme un conservateur de musée ! »

En ce moment même, avec la voiture, elle se montre soigneuse et circonspecte alors qu'en réalité elle n'a qu'une envie : stopper net en plein milieu de la circulation et sangloter, le front contre le volant.

Qui la « garde », elle ? Personne.

« Je te laisse tout », lui a dit Alain-Louis, magnanime, en quittant l'ancien appartement.

Mais *tout*, qu'est-ce que c'était ?

Quelques meubles sans valeur et sans intérêt. De toute façon, Alain-Louis ne tenait pas aux meubles qui risquaient d'encombrer l'espace de sa réflexion.

Des papiers dont il n'avait pas l'utilité immédiate, dont il lui a laissé à tout hasard le soin de les classer et de les conserver (aux femmes toujours la tâche de prendre en compte le passé !), et même des vêtements qu'il ne portait plus.

Le souci, en somme, d'avoir à gérer leurs restes ou de déménager. Ce qu'elle avait fini par faire — bien inutilement.

Même dans un autre appartement, elle pense à lui.

C'est une attente vague, presque animale. Elle

voudrait entendre claquer la porte de l'entrée et au début d'une aventure avec un nouvel amant, il lui est arrivé de confier très vite, beaucoup trop vite, la clef de l'appartement, uniquement pour qu'il y ait à nouveau ce cliquetis dans la serrure, suivi d'un pas d'homme, d'un appel : « Où es-tu ? — Ici, mon chéri, je suis là. »

Il y a aussi les objets déplacés.

Depuis qu'elle est seule, elle a remarqué à plusieurs reprises que plus rien ne bouge jamais dans ses pièces, que de son fait.

Or, elle a toujours pris plaisir — à l'époque sans le savoir — à cette transhumance muette d'un objet ou d'un autre, que l'on cherche là où il n'est plus, que l'on retrouve là où on s'y attend le moins, mystérieuses allées et venues de l'inanimé qui vous signalent que quelqu'un est passé par là.

Quelqu'un, c'est-à-dire un être vivant.

Même si cela agace, parfois, de ne pas mettre aussitôt la main sur « les ciseaux que j'ai laissés là hier, je m'en souviens parfaitement », elle a éprouvé un charme infini (elle s'en rend compte maintenant que cela a cessé) à sentir qu'une autre vie était comme *appliquée* sur la sienne.

Et aussi — en bon scout qui interprète des signes de piste — à imaginer ce que son compagnon a bien pu fabriquer en son absence, rien qu'au bougé des objets.

Maintenant — sauf les jours de femme de ménage — tout chez elle, quand elle n'y touche pas, est comme paralysé, embaumé, immobile.

Et il lui arrive de laisser exprès traîner par terre ses vêtements, de semer derrière elle un désordre parfois indescriptible, puisque ça ne dérangera personne.

Puisque personne, hélas ! ne sera là pour en être gêné.

Peut-être aussi parce que le désordre signifie agitation, mouvement, départ, et que retrouver quelques heures plus tard une pagaille, même la sienne, c'est retrouver les traces encore chaudes d'un corps vivant.

La solitude, la vraie, elle l'a appris depuis, c'est la privation de ces infimes sensations qu'implique la présence d'un autre — fût-il aimé ou haï.

Depuis qu'elle l'éprouve, cet abominable manque animal, elle en a honte et se garde bien de l'avouer.

Ou plutôt lorsqu'elle se plaint d'être seule, elle tente, par respect humain, de placer les choses à un plus noble niveau : elle n'a personne « à qui parler », avec qui « bâtir l'avenir »... Alors que ce qui lui manque le plus, si elle va au fond des choses, c'est de ne pas entendre quelqu'un aller aux cabinets dans le concert de tous les petits bruits intimes et chaleureux de la défécation.

Aussitôt dans l'appartement, la femme s'approche de la table où la concierge, qui a la clef, dépose deux fois par jour le courrier, voit d'un coup d'œil qu'il ne comporte que de la publicité, quelques papiers bancaires, le journal, en somme le triste fatras mécanographique et anonyme de la vie sociale, le prend tout de même, semant son manteau, ses chaussures, ses bagues en chemin, pour aller s'asseoir comme épuisée à côté du téléphone.

Car le téléphone, pour cette femme solitaire, n'est pas un objet comme les autres, il a sa vie propre, il lui cause des émotions, des surprises qui la font courir, quitter le cœur battant tout ce qu'elle fait, au besoin sauter mouillée hors de son bain.

Lorsqu'il y avait le chat — il vient de mourir —

lui aussi savait que sa maîtresse était très attachée au téléphone, comme à une personne, et minou se tirait toujours prudemment quand ça sonnait pour ne jamais faire obstacle entre elle et lui.

Va-t-elle rompre avec Pierre ?

Jusqu'à présent, elle en a toujours repoussé l'idée, comme trop douloureuse.

Si elle se la formule maintenant, cela veut-il dire qu'elle devient acceptable ? Ou même que la séparation est déjà en marche, à leur insu...

Au cours de la scène si pénible de l'autre jour, ils se sont dit assez peu de chose, mais des silences, des réticences, des contradictions de son amant, Isabelle a commencé à tirer la certitude que c'est fait, qu'il la trompe.

Dès qu'elle y pense, à nouveau la douleur est là, généralisée comme un cancer.

La femme va et vient de la porte à la fenêtre et par moments se balance un peu d'un pied sur l'autre, ou tourne sur elle-même, comme si elle était la proie d'un tourment, le lieu silencieux d'un combat.

Elle se souvient des cris par lesquels sa mère accueillait son père les soirs où l'homme rentrait si tard, bien doux pourtant, bien conciliant, avec sur son visage cet air si terriblement innocent, ses beaux yeux vert-bleu comme embués d'incompréhension. « Mais qu'as-tu, ma chérie ? » disait-il à la furie qui criait si fort, et comme elle ne lui répondait pas, cantonnée dans ses notes aiguës, il se tournait vers l'enfant : « Mais qu'a donc ta mère ? »

Isabelle se réfugiait alors sur les genoux de l'homme, passait parfois la nuit entière blottie contre lui sur le divan du salon, pour qu'il ne soit pas seul.

Est-ce à cause de ce souvenir qu'elle est demeurée si longtemps, jusqu'à ses abandons avec Pierre, incapable de crier ? Les hurlements de sa mère avaient-ils éteint les cris et les reproches dans sa propre gorge ? Eteint l'agressivité ?

« Je ne sais pas attaquer, se dit-elle, je ne sais même pas me défendre. »

Elle a parlé à voix haute, pour se tancer, se dégoûter encore un peu plus d'elle-même.

« Je ne sais que recevoir des coups et en mourir doucement. »

La femme se sent faible, soudain, elle se réfugie sur un divan bas où elle serre à pleins bras un souple coussin beige — ah ! s'il y avait encore le chat, son soyeux, sa tiédeur, son regard vivant, sa câlinerie sans calcul —, appuie les lèvres contre ce velours qui ressemble à de la peau. Rêve.

C'est cela aussi qu'apporte l'amour. Tant d'heures — perdues ? gaspillées ? — où elle ne fait que penser à lui. Ce qu'ils ont fait ensemble, ce qu'ils pourraient faire ensemble.

De temps à autre, elle se répète leurs conversations. Là elle aurait dû répondre ci plutôt que ça. La prochaine fois, elle s'arrangera pour lui glisser telle ou telle idée qui lui est venue. C'est important qu'il sache ce qu'elle pense vraiment.

Comme si ça pouvait changer quelque chose !

Comme s'il s'agissait d'un procès où tel argument, telle preuve, telle pièce à conviction risquaient de faire un effet décisif sur l'esprit du juge ou du jury !

Quel jury ?

Ils sont seuls. Un homme et une femme seuls ensemble. Et il sait tout de ce qui la concerne. Elle sait tout aussi de lui. Presque tout. Elle sait surtout qu'elle voudrait qu'il soit là, en ce moment même. Elle le désire si fort qu'elle en est presque gênée. Comme si son désir à elle risquait de l'embarrasser, lui. Comme si c'était trop. Trop gros.

Les hommes n'aiment pas que les femmes aient trop de désir.

Les hommes... les femmes... qu'est-ce que ça vient faire là ? Il s'agit d'elle, Isabelle, et de lui, Pierre.

A nouveau, elle dessine son corps dans l'espace, par la pensée.

Est-ce qu'elle le connaît bien ? Tous les traits de son visage ? Elle a parfois le sentiment qu'elle le dévore des yeux, de face, de dos, de profil, pour tout voir, avoir tout vu. C'est si fragile, ce spectacle d'un visage que l'on aime. Il peut se transformer, disparaître, vieillir. Il vieillira, et cette image qu'elle en prend, à cette minute même, n'existera plus jamais, n'existe déjà plus. Que dans sa seule mémoire de femme amoureuse.

Et qu'est-ce que c'est que la mémoire d'une femme amoureuse ? Est-ce qu'on peut compter là-dessus ?

Elle se souvient du jour où elle l'a vu pour la première fois. De la première seconde où ses yeux ont rencontré son visage.

Tout s'est noué entre eux à ce moment-là. En un éclair. Comme si elle déchiffrait un message, et même si elle avait d'abord refusé de reconnaître que le contenu du message la concernait, c'était fait, elle l'avait enregistré. Le sens n'en devient clair que peu à peu, mais dès ce moment-là elle savait déjà tout. Tout ce qu'il y a finalement à savoir.

Quelle complicité entre eux dès cette seconde-là !

Plus tard, il lui a dit :

« Tu sais, j'ai eu envie de te baiser tout de suite,

là, devant les autres, dans la salle de conférence !

— Mais tu l'as fait, lui a-t-elle dit, tu l'as fait !

— Comment cela, je l'ai fait ?

— Tu ne te souviens pas de m'avoir dit que j'avais l'air heureuse ?

— Si.

— Et te souviens-tu de ce que je t'ai répondu ? C'est incroyable, quand j'y pense, que, ne te connaissant pas, j'aie pu te répondre ça ! Je t'ai dit : c'est parce que je suis avec vous ! »

Elle croyait jouer, plaisanter. En fait, elle venait de dire oui. Elle ne savait pas encore qu'elle avait dit oui. Ni surtout à quoi.

Mais si elle avait dit oui, c'était bien qu'il lui demandait quelque chose. Qu'il lui demande toujours, même si elle n'a pas encore compris ce que c'est !

Rien que de se dire ça, la voici qui se sent mieux, parce que cela signifie qu'ils ont un avenir. Et c'est tout ce qu'il lui faut, maintenant, pour pouvoir continuer à vivre : qu'il y ait entre eux de l'avenir.

C'est si dur, aujourd'hui, d'arriver à maintenir tout ce qui s'agite et s'oppose si terriblement en elle qu'elle se sent incapable de travailler. Et même, sonnerait-il, de répondre au téléphone.

Son travail, heureusement, est bien avancé pour ce jour-là, et elle sait qu'il suffira de peu de chose pour qu'il soit terminé.

On attend son texte pour le lendemain onze heures, on l'aura à dix heures quarante-cinq, car Isabelle met son orgueil non seulement à ne jamais se mettre en défaut sur le plan professionnel, mais à précéder l'attente.

Et même, dans la crainte secrète qu'on la juge

en « femme », c'est-à-dire en « sauteuse », afin d'être sûre de remplir irréprochablement son contrat, elle accepte des tâches au-dessous de sa capacité, ne cherche pas à donner sa pleine mesure, mais préfère stagner à des postes inférieurs plutôt que prendre le risque de se trouver en faute, ne serait-ce qu'une fois, et de démériter, d'abord à ses propres yeux...

D'où son aisance, son détachement vis-à-vis d'un travail bien trop facile pour elle.

Il arrive à Pierre de lui dire :

« Tu es douée, toi, tu as de la chance ! »

Comme s'il faisait exprès de ne pas voir — mais la regarde-t-il vraiment ? — qu'elle se maintient volontairement, par manque d'audace, de confiance en elle, dans une situation de sous-emploi.

Aurait-il pu l'aider, c'est-à-dire la pousser pour qu'il en soit autrement, pour qu'elle se déploie, cherche à donner sa pleine mesure ? Le fait est qu'il s'en garde bien.

Après tout, il n'est pas sa mère !

Et comme chaque inconvénient a son avantage, cette semi-oisiveté lui laisse tout le temps voulu pour aller jusqu'au bout de son angoisse, s'y plonger, s'y noyer, tenter d'en faire le tour.

Isabelle a d'ailleurs l'honnêteté de se dire que c'est un luxe. Tant de gens n'ont même pas le loisir d'être malheureux, de se désespérer proprement...

Condamnés à soupirer et renifler entre deux tâches, entre deux galopades insensées dans les couloirs du métro ou du bureau... Elle, du moins, peut s'accorder le temps de la réflexion, du retour sur soi, peut-être, à la longue de la réparation et du raccommodage des plus gros trous.

On peut bien dire, au sujet d'un malheureux

qui gît au fond du gouffre, « il vaut mieux qu'il n'ait pas le temps d'y penser ! ». Isabelle est convaincue qu'il est préférable, même si c'est plus douloureux dans l'instant, d'avoir le temps d'y penser.

Et si on ne l'a pas, il faut le prendre, se l'offrir. Au besoin en tombant malade. Se rétablir, est-ce que cela ne signifie pas rétablir un ordre ? Quand il n'y a pas d'ordre à l'intérieur de soi, le déséquilibre s'installe. Jusqu'au jour où on crève sur pied, cadavre ambulant qui n'a plus qu'à poursuivre sa route.

« Jusqu'ici je n'ai rien laissé pourrir au fond de moi ! »

A nouveau, la femme se lève, s'approche de la bibliothèque, de la table, feuillette des livres, des albums, de vieux cahiers. Avec ce geste inconscient qu'elle a parfois pour ranger ses placards, mettre de l'ordre dans des affaires devenues inutiles.

Que s'est-il passé, au juste, entre Alain-Louis et elle ?

A vingt ans, ils se sont trouvés jetés ensemble dans la même fosse, la même cage, comme deux bêtes de race différente qui dès lors n'ont guère qu'un choix : s'entendre ou se dévorer. Sans mode d'emploi, bien entendu.

C'est cela un mariage : la chute ou l'enfermement à deux dans l'inconnu total de la relation avec cet étranger du sexe opposé.

Bien sûr, il y avait leur amour.

Elle aime se répéter ce mot, « notre amour ».

Comme elle a aimé cet homme.

Rien ne peut faire qu'elle ne l'ait pas vécu, ce grand spectacle, ce formidable « show » ! A tel point qu'elle a le sentiment de le rembourser encore, endettée par sa prodigalité alors sans limites.

« Nous nous aimions passionnément ! »

Dès qu'elle a dit ça, elle se sent fière, comme si en ce temps-là ils avaient accompli un grand exploit qui les a mis une fois pour toutes à l'écart du commun, de ceux qui — par frousse — n'osent jamais se risquer aussi fort, aussi loin.

Isabelle ferme les yeux. Tâche de se remettre dans sa peau d'amoureuse folle d'Alain-Louis. Depuis Pierre, elle en est coupée. Elle peut évoquer ses sentiments passés, elle ne peut pas y revenir. Réactualiser sa passion.

En même temps, est-ce qu'elle ne souhaite pas que ça ?

Se retrouver d'une façon ou d'une autre, avec cet homme ou un autre, dans cet abri, ce lieu protecteur, cette formidable cachette qu'est un amour de ce calibre ?

Un cocon. Qui l'a tout de même trahie, comme tous les cocons trahissent forcément leurs occupants.

Puis la femme a comme une révélation : elle le voit cet amour qui à ce moment-là les englobait tous deux en les isolant du reste du monde — ne l'est-elle pas toujours, à l'écart, dans cet appartement cerné par la circulation si bruyante d'un après-midi urbain ? —, comme aussi cruel et finalement aussi monstrueux que la piqûre que font certains insectes à leur proie, voire à leur partenaire, pour s'installer plus commodément en eux, pondre leurs œufs dans telle ou telle partie de leur corps, y introduire leur semence !

En somme, abuser de l'autre à son gré, sans

avoir à craindre de représailles. Sous l'impulsion aveugle de l'instinct de survie.

N'est-ce pas exactement ce qui s'est passé entre elle et Alain-Louis ?

Il y a eu tétanie, sinon le réflexe de défense et de rejet aurait fonctionné plus tôt et elle ne se serait pas aussi facilement laissé asphyxier. Exploiter.

Quel mot cruel !

Ce qu'elle peut être cruelle, parfois ! Cela détonne avec ce qu'elle s'autorise à penser d'elle-même, au portrait-robot qu'il lui arrive de faire de sa personne : douce, trop douce, désarmée même.

En somme une enfant.

C'est vrai qu'elle est longtemps restée une enfant, et elle a longtemps pensé que cette enfance conservée, ses émerveillements, ses attendrissements, ses émotions douces, sa pureté farouche, était le meilleur d'elle-même.

Elle va dans la cuisine, se sert un verre de lait froid.

C'est une ascèse de rester enfant, poète tout au long de sa vie.

Un aveuglement aussi.

Une fermeture à certaines réalités, aux nécessités de l'existence en commun, à la véritable misère d'autrui, qui est morale, et est-ce si bien ?

On reste près des fleurs, c'est vrai, des petits agneaux de Pâques — comme ceux qui sautillent en ce moment en face d'elle, sur le calendrier des postes au mur de la cuisine — du rire des enfants. Mais avoir fait de soi quelqu'un sur qui, en période de cataclysme, les autres ne peuvent pas compter, compter vraiment, est-ce si recommandable ?

Combien y a-t-il de personnes sur lesquelles elle peut compter — même s'il ne s'agit pas de celles qu'elle a envie de voir tous les jours ? Quelles sont celles, à l'inverse, qui ne font pas le poids, casseront à la première tornade, au premier grand vent, qu'elle méprise un peu même si elle en fait parfois son ordinaire, ses soirées, ses compagnons de cinéma, parfois de lit ?

Pourquoi l'image de Pierre, balayant toutes les autres, lui revient-elle si fort, brusquement, pour à nouveau la blesser ? L'émouvoir ?

Et du fait qu'elle a commencé à se dire ça, du fait aussi de sa grande fatigue de ce jour-là — contrecoup de la visite au cimetière ? —, Isabelle comprend qu'elle en a assez, pour son compte, d'être encore à son âge une sorte d'enfant.

Mimant la faiblesse, ce qu'on appelle parfois la « féminité », pour tenter d'apitoyer les « grands », les « adultes », en somme les hommes, dans le vain et lâche espoir de s'épargner le plus gros des coups, et finalement de se faire prendre en charge.

Mais qui l'a prise en charge, en fait, et pour la conduire où ?

Revenue sur le divan près du téléphone, la femme rejette loin d'elle le coussin de velours, passablement meurtri (le chat, lui, se serait libéré et tiré depuis longtemps), se lève, passe dans la salle de bain où elle se regarde dans la glace pour la cent millionième fois depuis son premier « stade du miroir ».

Quelques rides se sont marquées, qui ne sont

pas laides, pas encore, mais semblent là pour souligner les traits, les rendre plus visibles, comme on cerne une forme d'un coup de crayon.

C'est amusant de se regarder comme un portrait de maître, une œuvre d'art — mais qui est l'artiste ? —, avec le temps son visage a pris du contour. Son corps aussi. Elle se tient plus droite, les gestes plus secs, plus directs, plus amples. Sa voix est plus forte, d'un débit moins rapide, l'intonation plus accentuée. Elle se détache plus vigoureusement sur le monde.

Fermeté, concision qui ne sont pas un pur cadeau du ciel, mais le résultat de son travail contre le temps et avec lui.

De cela elle se sent parfois contente, de cela seul. En attendant l'effondrement final.

Mais la vieillesse est-elle vraiment un effondrement, n'est-ce pas plutôt une sorte de transmutation, un subtil processus alchimique ? On verra bien...

Isabelle ouvre le robinet d'eau froide, remplit le verre à dents, boit un peu trop vite, s'étrangle légèrement.

Comme toujours lorsqu'elle a brusquement envie de quelque chose qui concerne son corps — envie d'absorber, de remplir, s'introduire dans un bain chaud —, elle se précipite trop.

Comme si elle s'en voulait, tout en le faisant, de céder à son corps, comme s'il y avait conflit, toujours, entre son désir d'être un animal qui prend ce qu'il lui faut quand l'occasion s'en présente et qu'il a faim, et son esprit qui voudrait mater la bête en elle, la tenir complètement en son pouvoir afin de s'en servir comme d'un instrument, d'un pion dans son jeu...

Mais dans quel jeu ? A quel jeu joue-t-elle ? N'est-il pas temps de le savoir ?

Ni son éducation, ni son entourage, ni la société où elle vivait ne lui avaient rendu facile de penser du mal d'Alain-Louis, du mal de l'homme.

Ou même tout simplement de le *voir*, car porter le regard sur lui, tenter de le considérer tel qu'il était, c'était déjà, de la part d'une femme, un crime contre l'amour.

Un embryon de jugement se faufilait-il quand même ? Elle le repoussait avec effarement, se jugeant dénaturée, attendant, la punition, le châtiment divin, qui d'ailleurs n'avait pas tardé : elle était tombée malade. Une sorte d'anémie qui l'avait maintenue apathique, atténuée de corps sinon d'esprit, pendant de longs mois et même des années.

Maintenant Isabelle s'écarte de la glace pour aller et venir nerveusement dans l'appartement, glissant la main sur les meubles qui lui semblent aussi déplacés qu'elle dans cette « garderie » pour personnes et pour objets.

Et lui, Alain-Louis, quand en est-il arrivé à penser du mal d'elle ?

Il a bien dû se le dire, un jour, qu'après tout ça ne marchait pas si bien que ça entre eux deux, qu'il vivrait plus largement, plus égoïstement, moins surveillé loin d'elle... Qui sait même s'il ne l'a pas silencieusement précédée dans la démystification, attendant qu'elle le rattrape ?

A moins qu'il ne lui ait exprès laissé faire le chemin toute seule, dans l'horreur, la trahison, le déchirement, la maladie, pour accepter très tranquillement, comme il l'a fait, le résultat de son « travail » et son verdict, la demande de séparation ?

Piètre satisfaction, mais c'en est une, de se dire qu'en ce domaine-là (dans celui-là seul) il s'était entièrement reposé sur elle. Peut-être était-ce même une manière d'amour ? Un hommage en tout cas.

Toute la période de leur mariage, alors qu'elle se croyait absente, indifférente, n'était-elle pas simplement occupée à retenir son souffle, consacrée à cette œuvre invisible, périlleuse, capitale, de séparation ?

Jusqu'au jour où elle put enfin lui dire, d'un ton uni : « C'est fait. »

En se remémorant ce moment sublime et douloureux, Isabelle pose son front contre la vitre glacée, pour le refroidir et aussi parce que c'est un mur qui les sépare désormais, même si à cette minute il lui apparaît comme complètement transparent.

L'homme qui était son mari lui avait alors exprimé sa gratitude d'avoir si bien su travailler à les désenchevêtrer l'un de l'autre sans les tuer, ni même trop les meurtrir, puisqu'il lui avait dit, avec une politesse de grand bourgeois et tout en saisissant sa valise : « Je te remercie. »

Et peut-être, si l'on tient absolument à aller au fond des choses, s'il y en a un, ne l'a-t-il jamais autant aimée qu'à ce moment-là.

Isabelle est de nouveau immobile au point central de l'appartement, les mains jointes comme pour une prière inconsciente.

O mon Dieu, pourquoi suis-je née ? Pourquoi cet ovule-là ? Avoir voulu naître de ces deux êtres-là, dans ce désir-là ?

C'est cela aussi la solitude : lorsqu'on commence à penser à quelque chose, à se penser, et que personne n'est là pour vous empêcher d'aller jusqu'au bout de votre rouleau.

Comme en cet instant où elle comprend soudain qu'elle a beau vouloir continuer de déguiser et d'embellir les choses, entre elle et Alain-Louis —

elle l'a fait si longtemps que cela lui est devenu naturel — la vérité c'est qu'il s'est tiré.

Il suffit de remonter le fil des événements.

Elle se portait mieux depuis quelque temps, sa sempiternelle fatigue avait un peu régressé, ce qui lui avait permis d'entreprendre un travail personnel, à l'écart de lui.

C'était Alain-Louis qui justement n'allait pas bien. Ce jour-là, elle l'avait trouvé allongé en plein après-midi sur le divan, un coussin sous la tête. Il n'avait pas répondu à ses questions. Il ne pouvait jamais dire pourquoi il se sentait bien ou mal. A croire, parfois, qu'il ne savait pas s'il était bien ou mal, c'était aux autres d'en prendre conscience et d'agir en conséquence. De le soigner.

Jusqu'au moment où, complètement requinqué, il s'échappait de leurs mains pour courir à nouveau, et avec quelle énergie, à ses affaires. Les laissant, eux, désemparés.

Brusquement, il y eut un déclic et elle s'aperçut qu'elle en avait assez de ce manège. Elle lui avait dit : « Si on divorçait. »

C'est long à mûrir, la vérité. Long aussi de trouver les mots pour l'exprimer ! Aujourd'hui seulement, elle comprend ce qu'elle voulait vraiment dire, qu'elle n'était pas alors capable de dire, et qui était pourtant simple : « Je peux enfin être pour toi un partenaire véritable. »

Seulement elle ne l'avait pas dit.

Qu'elle est bête ! Bien sûr qu'elle l'avait dit ! Divorçons, cela signifiait cessons de ne faire qu'un ! Et Alain-Louis l'avait parfaitement entendu.

Sinon, il aurait discuté : divorcer ? qu'est-ce qui te prend ? qu'est-ce que je t'ai fait ? tu ne m'aimes plus ? explique-toi !

Mais là, devant l'énormité et l'irréparable de ce qu'elle lui annonçait — je t'aime mais je n'ai plus besoin de toi —, il n'avait pas tergiversé, il s'était enfui. Cavalé. Prenant sa valise dans la semaine pour aller la porter ailleurs. Chez une nana dont il n'y avait pas à craindre qu'elle cessât jamais d'être irresponsable !

La remerciant, elle, au passage, de l'avoir prévenu de ce qui couvait !

Merci d'avoir été ma femme.

Comme le type qui vient de tirer son coup, qui n'a pas été capable de faire autre chose avec vous, et, un pied déjà dans l'ascenseur, pour camoufler son effroi d'avoir entrevu que vous étiez quelqu'un avec qui il aurait pu aller bien plus loin, vous jette d'une voix qu'il veut chaleureuse et qui sonne en fait de façon pathétique : « A bientôt ma chérie, on se téléphone ! »

L'ignominie de ce merci ! L'aumône du « on se téléphone » !

L'insulte dont elle n'est pas coutumière lui fait du bien et elle la répète comme si elle crachait une ordure, pour s'en délivrer, s'en séparer.

L'ignominie bourgeoise !

La secrète, minable, hypocrite, impardonnable ignominie bourgeoise. Pas seulement bourgeoise, masculine.

Ils la dissimulent sous la politesse et la courtoisie qui font encore plus de mal que les coups.

Et ce sont les femmes, comme toujours, comme dans toutes les sociétés où le combat pour le pouvoir et pour l'argent est sans merci, qui en font les frais.

« C'est la guerre ! » aimait à lui dire allégrement Alain-Louis pour justifier certaines de ses brutalités et certains de ses dénis.

Brusquement, Isabelle se sent si faible qu'elle se laisse glisser sur le tapis, misérable poupée de son, de chiffon.

Sa musculature a perdu tout tonus.

Mais ça n'est pas douloureux, c'est même bon, presque grisant. Son corps mou se révèle incapable de mouvement mais totalement léger, comme délivré d'un fardeau, d'une grossesse.

Quant à sa pensée, elle n'a jamais été aussi active, tranchante. Qu'est-ce qui lui permet de se maintenir elle, femme, dans une société, un milieu, des circonstances où manifestement on ne veut pas d'elle, où elle n'a pas tout à fait droit à une existence entière, à la parole pleine ?

Qu'est-ce qui fait qu'elle continue cependant à faire face, si ce n'est sa complicité intime avec l'homme qui la « garde » auprès de lui sans arriver tout à fait à l'accepter ?

Si ce n'est cette part d'elle-même qui, à son insu, s'est faite homme ?

En partie sous la menace, pour arriver à survivre mais parfois aussi pour partager avec les mâles le pouvoir des plus forts. Comme un chat condamné à vivre dans une société de chiens deviendrait en partie chien, adoptant leurs mœurs, leurs codes, leur mentalité et même leurs aboiements.

Au début, c'est du mimétisme, de l'habileté, à la longue cela s'intègre tellement à la personnalité que cela devient, comme on dit, une « seconde nature ». Et quand on veut y renoncer, c'est comme si on vous retirait l'épine dorsale. On tombe.

Elle est tombée.

Est-ce pour continuer à rester debout, à conserver son « corset », sa « prothèse virile », qu'elle cherche un continuateur à Alain-Louis chez tous les hommes qu'elle rencontre depuis ?

Mais qu'a-t-elle donc aujourd'hui à se déchirer ? Qu'espère-t-elle ? Trouver une recette pour se faire mieux aimer ? Se punir de ne pas l'être assez ? Ou au contraire se délivrer une fois pour toutes de cette envie si enfantine d'être aimée comme une enfant ?

Après leur divorce, elle avait cru aller de l'avant, s'ouvrir la voie vers des aventures nouvelles, des amours neuves, alors qu'elle n'a fait que poursuivre l'illusion qui la pousse à reprendre avec d'autres leur relation conjugale, ou sa réplique, au point exact où elle s'est interrompue.

La femme a un petit hoquet de chagrin, de dépit, qui ressemble à un rire, et elle roule la tête de droite et de gauche sur le tapis, comme on fait dans l'amour.

Se relèvera-t-elle jamais de ce tapis ? Du reste, cela en vaut-il la peine ? Que fera-t-elle d'autre, une fois debout, que continuer vainement à courir après son Alain-Louis évaporé — qu'elle n'aime d'ailleurs plus — comme la mère Michel après son chat ?

Au moins, à terre, elle ne peut pas tomber plus bas. Elle se sent même mieux que debout, soutenue de toute part par son contact avec le sol, et si c'est ça qu'on ressent dans le caveau — ce relâchement confortable et solidement maintenu — alors vive la mort !

Le souvenir lui revient, insidieux, repoussé d'abord, qu'elle finit par laisser resurgir et se déployer tout entier, d'un autre épisode, plus récent, où elle s'est laissée glisser à terre de la même façon, les genoux et l'énergie totalement coupés, aux pieds de cet autre homme qui venait sans doute de la blesser au point laissé à vif par ce qu'elle appelle maintenant la désertion d'Alain-Louis.

Son point central. Vital.

Puisque personne ne l'entend, elle peut même dire son âme.

X

Ils venaient de se rencontrer lorsque Pierre lui a proposé ce voyage dans une région de France un peu à l'écart, qu'elle ne connaît pas.

Isabelle accepte sur-le-champ, amusée de penser que c'est lui, maintenant, qui la « drague ». Elle a aussi la curiosité de s'essayer quelques jours seule en sa compagnie.

La première journée, elle se contente d'observer avec intérêt ce qui se passe entre eux.

Mais dès qu'ils ont quitté l'autoroute, la beauté de cette région désertique, peuplée de chèvres, de ruraux solitaires et dominée par les nids des derniers grands aigles, a raison de sa réserve.

A certains tournants, devant le profil d'une vallée ou d'une colline s'effaçant pour en découvrir d'autres encore plus perdues, la jeune femme saute d'excitation sur son siège, se tord le cou par la portière, finit par demander à son compagnon d'arrêter un instant en répétant avec émotion :

« Regarde comme c'est beau ! »

Et lui ?

Isabelle se souvient d'un déjeuner.

Dans ces régions encore assez peu touristiques,

où chacun mange chez soi, ils mettent longtemps à trouver un lieu où se restaurer, une sorte de café-auberge dont la patronne prépare et sert un plat unique. Comme il est largement passé midi, on n'a plus à leur offrir qu'un repas froid, composé de jambon de montagne fumé, de fromage de chèvre, salade de tomates, pêches de vigne introuvables ailleurs qu'en ces lieux où le raisin se cultive encore à la main — et de vin du cru.

Cette frugalité paraît à Isabelle le meilleur des régals.

« Que c'est bon ! » remplace le « Que c'est beau ! » du matin.

Pierre, la tête penchée vers son assiette, mange vite, comme un homme qui a faim. Et se tait.

« Ça te plaît ?

— Quoi ?

— Eh bien, tout ! Le sentier dans la châtaigneraie, la cascade, ce vieil homme à pied avec son balluchon au bout d'un bâton, comme dans un roman de Victor Hugo. On se croirait au Moyen Age !

— Victor Hugo, ça n'est pas le Moyen Age. »

Il a redemandé du pain, se ressert en vin.

« Je veux dire que ça n'a pas dû bouger depuis le Moyen Age...

— Pour ce qui est de crever de faim, non.

— Tu exagères, personne ici ne crève de faim. On peut se nourrir avec du fromage de chèvre, des tomates et du pain.

— Tu crois que les chèvres donnent du lait en hiver ?

— Ecoute, je suis en train de te dire que j'aime cet endroit que tu me fais découvrir, que j'aime les chèvres, les châtaigniers, la montagne, la pureté de cet air, que je me sens bien, quoi ! Cela devrait te faire plaisir, puisque c'est toi qui m'y as emmenée !

— Tout le monde se sent bien là où je suis.

— Arrête et dis-moi si toi aussi tu te sens bien avec moi ?

— Je pense à ce qui va se passer quand je vais me retrouver à Paris, j'ai des problèmes à régler avant la fin du mois. Des échéances.

— Tu ne peux pas cesser un moment de penser à tes problèmes ?

— Si je n'y pense pas, qui y pensera à ma place ?

— Et si tu ne penses pas à la beauté des choses, qui y pensera à ta place ? »

Elle a pris ce ton qu'il appellera plus tard son ton de « moraliste », et qu'il déteste.

Sans lui répondre, il emplit à nouveau son verre et il semble à Isabelle que le regard qu'il lui jette en buvant son vin d'un trait est volontairement chargé d'ironie.

Il ressemble à un enfant que l'on veut à toute force obliger à remercier pour un cadeau dont justement il n'a pas envie, et qui se bute, furieux, cherchant une réplique, ne la trouvant pas, ou plutôt l'ayant trouvée mais craignant le pire s'il la sort.

Puis il murmure, comme pour lui seul :

« Moi, la beauté, ça n'est pas là que je la mets !

— Et tu la mets où la beauté ? demande sèchement Isabelle qui n'arrive toujours pas à s'habituer à ses remarques sournoises.

— Dans le cul ! Mais le genre de cul que j'aime se fait plutôt rare dans la région », dit l'homme brusquement hilare en se renversant sur sa chaise.

Se lever ? Partir ? Claquer la porte ? Et pour aller où ? Et pour avoir l'air de quoi ? Une bégueule qui ne veut pas qu'on parle cul devant elle ? Ou qui prend toutes les remarques sur le cul pour elle ? Qui se croit concernée ? Qui n'est pas sûre du sien ? Qui laisse un homme en juger ? La comparer ?

Un tourbillon d'intentions dont aucune ne lui paraît recevable ou applicable lui traverse l'esprit tandis qu'elle prend conscience d'être dans une situation plutôt ridicule mais dont elle n'a pas la maîtrise.

Qui la ramène à l'époque des batailles d'adolescents où elle s'est toujours montrée maladroite et même inférieure. Sans doute parce qu'elle était plus mûre et plus sérieuse que les autres et ne voyait pas la nécessité de ces guerres féroces entre garnements.

A l'époque, elle pouvait se tenir à l'écart, approuvée et protégée dans son retrait par les adultes.

Mais maintenant qu'à son tour elle est « grande », elle croirait lâche d'abandonner le terrain et cherche un moyen de remettre rapidement le trublion à sa place.

Or, elle n'en trouve pas.

Et dans une brusque fulguration, elle comprend qu'elle ne le trouvera jamais. Que, dans la mesure où il a passé l'âge de se comporter en enfant et qu'il le fait cependant, Pierre l'emportera toujours sur elle. Comme les Lilliputiens sur Gulliver.

Quelques instants plus tard, l'incident est clos. D'abord parce que au moment où elle monte dans la voiture, il lui passe la main sur le cul, justement, et que sous l'impertinente familiarité du geste, Isabelle veut voir une demande muette d'excuse et de pardon.

Et puis il y a les nuits.

S'il arrive à Isabelle de s'écarter un peu dans son sommeil, elle est réveillée par le bras de

Pierre qui la cherche pour la ramener vers lui, l'un de ses pieds se glissant sous les deux siens, comme pour les caler.

Une nuit — c'était la fin du voyage — elle est tirée de l'inconscience du sommeil par le poids entier du corps de l'homme qui s'est couché de tout son long sur elle, sans prononcer un mot, et d'ailleurs sans chercher à la réveiller tout à fait. Il se contente de la serrer fiévreusement contre lui, le visage blotti dans son cou, comme s'il pleurait, murmurant d'une voix passionnée des mots qu'elle n'entend pas.

Au bout d'un moment d'immobilité et presque d'engourdissement, il se laisse doucement glisser contre son flanc et reste là, l'entourant étroitement de ses bras, ses lèvres ouvertes contre sa joue.

Alors Isabelle se rendort dans un sentiment de sérénité extraordinaire. Il lui semble qu'elle n'a jamais connu pareil apaisement depuis qu'elle est au monde, et qu'il ne demande qu'à s'élargir, s'approfondir encore.

Un tel bonheur se serait-il jamais révélé sans sa rencontre avec cet homme ?

Le lendemain, elle se lève, radieuse, tandis que Pierre bougonne dans le coin-lavabo, à la fois contre les fabricants de rasoirs mécaniques, l'eau trop dure des montagnes, les installateurs sans imagination de prises électriques, et les « personnes » qui ne comprennent pas qu'il ne faut pas adresser la parole ni même dire bonjour à un homme qui se rase.

« C'est à cela qu'on reconnaît les vieilles célibataires comme toi, elles ne savent pas qu'on doit se taire quand un homme se rase. Je suis quand même parvenu à dresser ma femme, mais ça a été long... »

La remarque n'est pas du meilleur goût, mais Isabelle ne s'y arrête pas, pas plus qu'elle ne s'offusque, désormais, des draps chiffonnés de leur lit commun ou de retrouver mêlé leur linge de corps.

Ça doit être cela, faire couple avec quelqu'un, se dit-elle en pliant ses vêtements dans sa valise, quand on en arrive à tout pouvoir entendre ou dire sans que cela change rien à la confiance qu'on a l'un en l'autre.

Pourquoi n'était-ce pas ainsi avec Alain-Louis ?

Lorsqu'ils vivaient ensemble, ils se gardaient au contraire de se disputer et jamais Alain-Louis n'a élevé la voix contre elle comme le fait Pierre. A l'époque, elle prenait cette réserve pour de la courtoisie et un respect réciproque qui les distinguait de ces époux batailleurs que tous deux s'accordaient à trouver si vulgaires.

Or, depuis Pierre, elle se demande si leur prétendue « élégance » ne dissimulait pas une frousse intense : celle de voir éclater leur union dès la première bagarre.

Au contraire, quand Pierre la querelle, elle se sent plus proche de lui, comme s'il la lutinait.

Bien sûr, ils ne vivent pas ensemble pour de bon, mais il est en train de lui enseigner les premières notes de la « musique » et, d'une certaine façon, elle a toujours su qu'il devait et pouvait en être ainsi, entre un homme et une femme : une symphonie où, de la violence à la tendresse, tous les sentiments, même les plus triviaux, peuvent librement s'exprimer.

Sa valise bouclée, elle vient se placer tout habillée dans le dos de l'homme nu qui, face au lavabo, termine sa toilette, et lui ceint le torse de ses deux bras, posant successivement ses lèvres sur sa nuque, ses épaules, le creux entre les omoplates et de plus en plus bas, le long de la colonne vertébrale, jusqu'aux reins.

Puis elle se baisse et termine sa caresse par un coup de langue dans la raie des fesses.

Lui se laisse faire, comme un bébé qu'on lange, alors qu'il tempêtait si fort, tout à l'heure, pour un mot mal articulé.

Sans doute commence-t-elle à « savoir le prendre », constatation qui la rend tout heureuse.

Quelques jours plus tard, après avoir parcouru presque toutes les petites cités de la région où Pierre a des visites d'ordre commercial à faire, ils se retrouvent dans la même ville, au même hôtel, et en déposant sa valise à la même place dans cette même chambre qu'on leur a à nouveau attribuée, Isabelle mesure le chemin parcouru.

A plusieurs reprises, il lui a fallu affronter l'incroyable violence verbale de Pierre qui, à certains moments d'humeur, s'exerce contre tout ce qui se présente à sa vue, depuis le cycliste traversant la route, l'automobiliste en train de manœuvrer, jusqu'aux ingénieurs responsables du tracé d'un échangeur, en passant par les techniciens qui ont planté — fort mal à son gré — les panneaux signalisateurs, et le maire qui n'a pas songé à prévoir un parking justement là où il en cherche un...

Puis sa fureur s'en prend à l'ensemble des Français, lesquels, comme chacun le voit tous les jours, sont des veaux, pourris d'individualisme, d'égoïsme, d'irresponsabilité et d'une incapacité légendaire !

Il s'attaquerait à Dieu, se dit Isabelle, s'il croyait en Dieu, tant sa fiévreuse irritation l'emporte contre tous, sauf lui-même.

« Alors que c'est justement de lui qu'il souffre ! »

Mais comme elle n'arrive pas à deviner, du

moins pas encore, où se loge « l'épine » (le mal doit dater de l'enfance d'après quelques confidences qu'il lui a faites au sujet de ses parents et de son éducation), elle a pris le parti de se réjouir qu'il puisse au moins se laisser aller devant elle.

Ce pus qui jaillit de l'abcès lui paraît bon signe et si la jeune femme est parfois incommodée par une outrance verbale qui ne l'épargne guère, elle se félicite de se découvrir de jour en jour mieux capable de la supporter.

« Sans doute suis-je en train de devenir ce qu'on appelle une femme, quelqu'un qui sait prendre sur soi le mal de l'autre. »

Elle en éprouve une espèce de gratitude envers l'effréné qui lui donne ainsi l'occasion de sonder ses propres forces.

Toutefois, il lui arrive de se demander s'il y aurait réciprocité, c'est-à-dire si Pierre, à l'occasion, saurait prendre sur lui son mal à elle.

Après le déjeuner, servi sur des nappes à carreaux rouges et blancs dans la petite salle à manger aux meubles rustiques, lent repas au cours duquel Pierre n'a cessé de faire des conjectures sur le métier et le niveau de réussite de leurs voisins (pour la plupart des hommes), en particulier dans le domaine du sexe — « Tu ne trouves pas que ce type a l'air coincé ? Ça ne doit pas se passer très bien pour lui dans un lit », ou, à propos d'un couple : « Il ne doit pas savoir s'y prendre avec elle, pourtant elle n'est pas mal, de beaux seins, une belle bouche, elle doit aimer ça, tu ne crois pas ? moi c'est quelque chose que je vois tout de suite... », et Isabelle ne sait quoi lui répondre, ne se posant pas pour son compte ces questions-là sur les inconnus, mais plutôt celles de savoir comment éviter que leur présence ne la dérange dans ce qu'elle est en train de vivre, pour l'heure ce précieux tête-à-tête — ils partent faire quelques pas sur un chemin qui les conduit très rapidement à un terre-plein bordé d'arbres, à la limite de la petite ville.

Comme à son habitude, Pierre a entièrement vidé à lui seul la bouteille de « vin du pays », ce qui paraît un excès à la sobriété d'Isabelle, mais qu'elle s'efforce d'accepter comme faisant partie des mœurs de cette « tribu étrangère », la tribu des hommes, avec laquelle elle est désormais déterminée à faire alliance, laissant de côté jugements et reproches.

Le couple avance sur le terre-plein qui monte vers un petit bois de chênes et chacun passe le bras autour de la taille de l'autre.

Isabelle adore avancer dans cet enlacement, elle y voit le symbole et l'illustration de leur cheminement l'un vers l'autre. Et puis, de se montrer aux yeux de tous étroitement unie à un homme, elle tire le sentiment, si exaltant, qu'elle est dans l'amour.

Les femmes qui sont dans l'amour ne font plus partie du troupeau ordinaire des autres femmes. Elles sont ailleurs, dans un autre espace, un autre lieu, elles relèvent d'une désignation différente.

Elle est différente. Elue, légère. Couronnée par sa propre légèreté.

Lorsque le drame éclate.

« Où ira-t-on demain ? » lui dit-elle tendrement parce qu'elle est heureuse de cette journée et qu'elle a envie, en pensée, de projeter le bonheur d'aujourd'hui sur le jour à venir.

« Demain, est-ce que je pense à demain, moi ! » dit l'homme avec une âpreté qui la surprend.

Elle a cru (il ne faut jamais « croire », il faut être sûr, lui dit-il parfois) qu'il communiait avec elle dans la même paix amoureuse, mais sans doute « l'épine », la douleur ont-elles secrètement réapparu, comme c'est souvent le cas lorsqu'il a un peu bu, et elle se dit qu'elle doit avant tout l'apaiser.

« Mais ça me convient parfaitement de rester ici avec toi. Si je pose la question c'est parce que jusque-là nous nous sommes déplacés tous les jours.

— S'il y a une chose que je déteste, c'est bien de changer d'endroit tous les jours ! Cela va faire un temps fou que je n'ai pas pu lire le soir parce qu'il n'y a pas de lampes de chevet dans ces foutus hôtels, ou alors les ampoules ne marchent pas et il est trop tard pour en réclamer d'autres, vu qu'ils se couchent comme des poules... »

« Mais le soir on fait l'amour ! » pense Isabelle qui n'ose le dire, craignant d'irriter davantage l'homme aviné.

« Si encore on pouvait aller au cinéma, poursuit-il, mais il n'y a pas de cinéma convenable dans ce trou ! »

Il raffole du cinéma qui a le don — est-ce l'obscurité, le fait de suivre une « histoire » autre que la sienne propre ? — de calmer momentanément ses angoisses.

« Il y en a un ici, dit la jeune femme pour montrer sa sympathie et aussi son don d'observation.

— Merci bien, *Le Sergent du bled !* Tu peux y aller, toi, si tu aimes ce genre de films, moi je préfère rester chez moi, avec un bon policier. Ou mes livres de comptabilité. Mais je ne te retiens pas, vas-y ! Si je m'ennuie trop, je saurai quoi faire... »

Il a souri, et bien qu'Isabelle commence à savoir, d'expérience, que lorsqu'il sourit dans ces moments de tension, c'est parce qu'il vient d'ajuster son adversaire — elle, en l'occurrence — et qu'elle aurait intérêt à la boucler et passer outre, elle ne peut toutefois, telle la femme de Barbe-Bleue, résister à l'envie de savoir ce qui se cache dans le cabinet noir :

« Que ferais-tu ?

— Tu n'as pas remarqué la patronne de l'hôtel ? Elle a beaucoup de gueule cette femme-là, je m'en étais bien aperçu la dernière fois et je me demande même si ça n'est pas pour ça que j'ai voulu qu'on y revienne... C'est que j'ai un inconscient qui fonctionne bien, moi ! Elle a des jambes, des mains d'une longueur, j'aime les mains très longues chez une femme, ça me donne des idées, tu vois ce que je veux dire ! »

Il n'a pas ôté son bras de la taille de la femme, ni déplacé sa main qui encercle légèrement son poignet, seule sa voix s'est durcie.

Comme s'il y avait un hiatus complet — elle l'a déjà remarqué — entre les gestes de l'homme et ses propos.

Il arrive même à Pierre de la serrer avec élan contre lui, ou de lui faire l'amour de la façon la plus douce, tout en lui débitant d'effroyables sornettes.

Un autre semble alors parler par sa bouche.

Aussi Isabelle ne prend-elle pas la mouche d'emblée, elle tente encore de l'apaiser, le réconforter.

« Je n'ai aucune envie d'aller au cinéma sans toi, ce qui me fait le plus plaisir, c'est que nous restions ensemble.

— Dommage, dit l'homme en chargeant sa voix de sous-entendus déplaisants, cela m'aurait changé un peu ! »

Et comme elle lève les yeux, stupéfaite de tant d'insistance dans l'agressivité, elle surprend, posé sur elle, son regard ironique et froid.

Comme si elle se trouvait en rang dans un bordel et qu'il la comparait à d'autres.

Brusquement, elle prend conscience d'avoir beaucoup donné à cet homme, ces derniers temps, jour après jour, heure après heure, ne fût-ce que tolérer ses manières à la fois brutales et enfantines — et lui ? que fait-il pour elle ?

Ne pourrait-il au moins surveiller son langage ?

« Tu ne peux pas faire un peu attention à ce que tu dis ?

— Qu'est-ce que je dis ? Ma vérité à moi ! Evidemment, si tu es trop fragile pour supporter ma vérité... »

Alors elle se détache vivement de lui.

Et aussitôt le regrette : son compagnon, elle le sait, ne supporte pas le rejet, ni rien de ce qui peut apparaître comme un recul.

Afin d'atténuer la portée de son geste, elle se contraint à marcher tout contre lui, à son pas, comme si elle n'avait lâché son bras que pour avancer plus commodément sur le sol pierreux et inégal.

Et elle tâche de se calmer : il lui a parlé d'une façon bien blessante, c'est vrai, mais il ne l'a pas lâchée, il continuait même à la serrer tendrement contre lui, comme si elle lui appartenait.

Ce qu'il cherche, c'est à la remettre à sa place.

Là où elle fait corps avec toutes les femmes, même les plus bêtes, même les plus connes, comme cette semi-débile, moite et joufflue, aperçue un jour qu'ils étaient ensemble, et dont il lui a dit ensuite en aspirant l'air entre ses dents, comme s'il parvenait mal à réprimer son désir : « Tu ne peux pas savoir comme j'ai eu envie de coucher avec cette fille, brusquement. Je crois que si tu n'avais pas été là... »

Sans doute parce qu'il craint — et il n'a pas tort — qu'Isabelle ne se monte la tête si elle se croit la seule, l'élue, la « bien-aimée », et n'en devienne trop heureuse. Plus heureuse que lui, ce que l'homme blessé ne peut supporter.

Surtout lorsqu'il se sent plutôt bas, comme en ce moment avec son vin blanc dans le nez et ses affaires qui vont sûrement moins bien qu'il ne le prétend.

Alors il ne trouve rien de mieux, pour ramener sa compagne à son propre niveau, que de lui rappeler qu'il peut à tout moment en baiser une autre. Une plus jeune, ou plus moche, ou plus conne...

C'est par là qu'il la tient, puisque c'est par là qu'il peut lui faire du mal.

Pensée qui aussitôt la transporte : si Pierre cherche tant à la « tenir », à la conserver tout près de lui comme au cours de leurs nuits et lorsqu'ils marchent enlacés, c'est qu'il l'aime !

La femme se rapproche de l'homme, pose légèrement la main sur son avant-bras. En réponse, il se recule avec vivacité et de la paume brosse ostensiblement sa manche.

Subitement, ça n'est plus elle qui parle mais sa douleur d'être « brossée ».

« Si tu y tiens tellement à coucher avec cette femme, rentre tout de suite à l'hôtel et vas-y, ne te gêne pas !

— Ce que tu peux être odieuse quand tu t'y mets ! »

Il a les deux mains dans les poches, comme s'il ne l'avait jamais touchée et ne la toucherait jamais plus, et il s'arrête pour lui faire face.

« C'est toujours pareil, on croit faire plaisir à quelqu'un en l'emmenant avec soi sur son lieu de travail et on se retrouve avec un double effort à fournir ! J'ai du boulot sérieux, ici, moi, et le soir j'ai besoin de me détendre, pas de me sentir coincé !

— Eh bien, va te détendre et te décoincer avec ta mémée !

— Là, ma petite, tu es complètement dans l'erreur. D'abord ça n'est pas une mémée, elle doit même être plus jeune que toi. En plus, je n'ai pas besoin que tu me donnes ta permission pour faire ce que j'ai envie de faire.

— Je ne te donne aucune permission, je te le demande, je te l'ordonne.

— Qu'est-ce que tu crois, je ne fais pas l'amour sur commande, moi ! Je le fais quand j'en ai envie. Avec des personnes qui ont envie de le faire aussi avec moi et qui me le montrent aimablement. Cela ne m'a pas manqué jusqu'à ces derniers temps, je peux te dire. Des gens qui ne sont pas toujours en train de m'expliquer ce que je devrais faire et comment je devrais être ! Ni ce que je dois changer en moi ! »

Elle a souvent pensé, c'est vrai, qu'il y a en lui des choses à changer...

« Et qu'est-ce que c'est que cette manie que tu as de me questionner sans arrêt sur mon passé et ma famille, tu veux me psychanalyser ? Me fliquer ? »

Il évoque un matin récent où, dans une chambre d'hôtel particulièrement exiguë, il l'a surprise en train de toucher à ses papiers. En fait, Isabelle tentait, en réunissant en tas ce qu'il avait sorti de ses poches, de lui ménager une place où travailler.

« C'était pour que tu sois mieux ! »

Seulement Pierre n'a pas l'habitude qu'on prévoie ses besoins, ou plutôt — elle en a conscience à retardement — il prend toute sollicitude comme une tentative de s'approprier sa personne, son espace, sa liberté de gestes et d'imagination, et la condamnation tombe, tranchante :

« Tu es invivable. La preuve, tous les hommes qui ont vécu avec toi t'ont quittée ! »

Il a parlé doucement, sûr de viser juste.

Elle frémit, va protester — ça n'est pas vrai qu'on l'a toujours quittée, souvent elle est partie la première —, mais elle abandonne : c'est vrai qu'elle est impossible, l'a toujours été !

C'est pour cela, justement, qu'elle a tant besoin d'être aimée, rassurée. Alors qu'il l'enfonce.

« Tu te conduis comme un gougnaffier », la phrase se gonfle un instant dans sa bouche, entrouvre ses lèvres, mais reste « incrachable », et repart vers l'intérieur, comme s'il n'y avait pas place pour elle à l'extérieur du corps de la femme.

Pourquoi ?

Pourquoi, alors qu'il ne se gêne guère pour la critiquer, à propos de tout et de rien, une tache sur son chandail, une saleté au coin de l'œil, sa façon de manger trop vite ou d'ouvrir trop grand les bras lorsqu'elle se jette vers lui, pourquoi ne parvient-elle jamais, de son côté, à lui faire des reproches ?

Pourtant, elle aussi connaît ses travers, ses manies, mais elle a généreusement — bêtement ! — décidé de les « aimer » et de le prendre avec, comme s'il en avait besoin pour survivre, être ce qu'il est.

Comment se fait-il aussi qu'elle ne parvienne jamais à le railler, le tourner en ridicule, ce grand mâle redresseur de torts femelles, à l'épingler avec esprit et adresse, comme dans une pièce de Marivaux ?

Si seulement elle avait le courage et la santé de se dire *in petto* : « Mon petit vieux, puisqu'on est là on baise encore quelques jours, mais dès le retour à Paris je me barre. » Et de le faire !

Tous comportements possibles, souhaitables, héroïques même, la seule véritable action féministe face à l'agression mâle.

Seulement son corps ne suit pas, n'a pas suivi.

Son esprit est survolté par des désirs de vengeance, de révolte, mais son corps s'affaisse.

Son corps la lâche toujours, elle l'a déjà remarqué, quand il s'agit de passer aux coups. Et brusquement elle sent qu'elle se « vide de l'homme », comme si elle avait la diarrhée et se vidait de son sang. Et elle tombe.

Réflexe animal, viscéral, contre lequel la femme ne peut rien.

Depuis qu'elle vit avec Pierre, quelque chose a commencé à la fortifier, la soutenir, la régénérer lui donner une vigueur et un espoir dont elle se grise, comme Pierre, peut-être, se grise d'alcool.

Elément mâle, principe masculin qui lui deviennent chaque jour plus nécessaires, dans une facilité et un bonheur jusque-là inconnus, bien qu'elle les ait toujours pressentis.

Brusquement, ils la quittent par elle ne sait quelle bonde, comme se vide une baignoire, et elle se retrouve à terre.

Où elle reste, le corps mou, si flasque que dans sa chute elle ne s'est fait aucun mal — incapable de parler ou d'accomplir le moindre geste.

Pierre se penche sur elle, quand même un peu inquiet, lui touche le front, tâte le pouls, cherche le cœur, d'un geste presque professionnel d'employé aux abattoirs, pense Isabelle, pour voir si elle vit encore, et s'apercevant qu'elle n'est même pas évanouie — c'est pire — il se relève avec le sourcil froncé de qui ne va pas se laisser abuser plus longtemps par quelque vile et désuète comédie de femme, et tourne les talons.

Isabelle demeure allongée sous l'arbre près duquel elle est tombée, et son désespoir est tel qu'elle ne souffre même pas.

Elle n'est plus qu'un tronçon incapable d'exister par elle-même, un ver coupé en deux, ce qui lui donne le sentiment d'être complètement nulle — et nue.

Nue comme Job sur son fumier, se dit-elle en effritant entre ses doigts quelques débris de feuilles pourries qui se trouvent à sa portée.

Face à elle, à travers le feuillage, la voûte céleste.

Existe-t-il un lieu dans l'univers où quelqu'un ou quelque chose pourrait l'entendre et l'accueillir telle qu'elle est, incomplète, impossible, elle-même ?

Subitement Dieu lui parle.

Dieu lui parle toujours, elle l'a déjà remarqué, lorsqu'elle est au tapis.

Parfois la parole semble venir d'en haut, mais parfois aussi d'ailleurs, d'un animal, d'un inconnu, ou simplement de son propre souffle et du battement dans sa poitrine...

Il lui dit toujours la même chose : « Le meilleur de toi est dans l'amour et ne peut t'être retiré. »

Les yeux toujours au ciel, la femme étendue bascule d'un seul coup dans l'éther et quitte alors la planète qui n'est plus, avec sa peine, qu'un point minuscule dans l'espace.

Au bout d'un moment, elle se redresse, s'assoit.

Quand Pierre revient sur ses pas, après sa promenade hygiénique et même « didactique », car il est convaincu qu'il est en train de donner à cette femme une bonne leçon, il s'approche d'elle d'un air si paternel et supérieur qu'Isabelle se remet aussitôt sur ses pieds pour atténuer quelque chose de cette supériorité-là.

« Ça m'a fait drôle, ta petite scène, il y avait longtemps que je ne m'étais pas trouvé avec une femme hystérique ! »

Le mot les insulte toutes, elle et les autres femmes.

Puis elle se dit que c'est un beau mot, justement, hystérique, un mot qui parle de l'utérus et de la façon dont certains êtres, arrivés au bout de leur détresse et de la surdité des autres, n'ont plus que leur corps pour s'exprimer.

En s'affaissant silencieusement, ne lui a-t-elle pas dit la parole même du Christ à son père : « Pourquoi m'as-tu abandonné ? »

Comme lorsque son amant se retire d'elle, dans l'amour, et qu'elle a alors ce léger cri, cet imperceptible gémissement de plaisir et de peine, même si par ailleurs elle se sent comblée ou prise par le temps, et elle aimerait alors qu'il en fasse autant, qu'il crie lui aussi de cette façon déchirée chaque fois qu'il quitte son corps, fût-ce pour quelques instants, quelques heures, quelques jours... Mais que comprend-il à l'amour ? Et aux femmes ?

Puis elle sourit. A nouveau, elle est prête à se tenir debout sans l'aide de personne. A nouveau elle a admis qu'elle est seule, et que c'est de là qu'elle existe.

Maintenant la femme se dit que depuis cette scène sous le chêne, elle a toujours su que Pierre ne cherchait pas vraiment à s'accorder avec elle. Pas complètement. Ni fidèlement. Il a trop besoin d'aller d'une femme à l'autre, comme un toton fou !

Aurait-elle dû rompre avec lui dès ce jour-là ?

Peut-être.

Peut-être pas.

Où irait-on si l'on acceptait de prendre en compte tous les avertissements et tous les signes qui ne cessent de nous assaillir dès qu'on entreprend quelque chose ?

On ne mettrait même pas d'enfants au monde, puisqu'un enfant nouveau-né n'est rien d'autre — qui ne le sait ? l'humanité entière le sait, les parents, les médecins, les sages-femmes qui s'exclament joyeusement autour du berceau le savent parfaitement au milieu de leurs éclats de rire, de leurs applaudissements et de leurs souhaits de bienvenue — qu'un être pour mourir.

La femme soupire, se relève, croise ses bras sur sa poitrine et, un peu courbée en avant, se serre et s'étreint elle-même, dans un mouvement de bercement : son amour pour cet homme n'est-il donc que ça ?

Un amour pour mourir ?

Elle n'arrive pas encore à le croire.

XI

CELLE-LA, il l'avait rencontrée à la suite d'une petite annonce. Trois lignes rapides dans un hebdomadaire où une j.f. étrangère, cél., blonde, libérée et libre, déclarait vouloir rencontrer homme même espèce qu'elle, pour rapports vifs et sans conséquences.

De brefs et foudroyants instants de liberté. Sans nouer de liens. Sans se raconter sa vie et son passé, sans chercher à s'introduire dans les familles respectives.

Une tranche de vie privée, ignorée du reste du monde, clandestine. Passionnée.

C'est du moins ce que Pierre avait envisagé, car les termes précis de l'annonce ne la rendaient pas très différente de celles qu'il avait l'habitude de parcourir, dans un magazine ou un autre, et qu'il lisait parfois à Isabelle, au lit, avant qu'ils ne s'endorment, soi-disant pour l'amuser, mais en fait pour lui avouer implicitement qu'il avait soif d'inconnu.

Pour l'avertir en quelque sorte, la préparer.

Peut-être aussi pour qu'elle l'en détournât.

Mais Isabelle ne disait rien comme si tout ce discours aux sous-entendus obscènes ne la concernait pas, à mille lieues de ses préoccupations.

Et qu'elle n'avait pas besoin, elle, de relations

avec ce qui, justement, n'est pas une relation. Avec le néant.

Des femmes qui soient le néant, c'est exactement ce que cherche Pierre, et qu'il est si difficile de rencontrer.

Ou ce qui a lieu ne leur plaît pas, ni à elles ni à lui, et alors il se dégage immédiatement, ne revient pas, bonjour bonsoir, sans rancune. Quoiqu'elles en conçoivent toujours un peu, il le sait bien, de n'avoir pas vraiment plu après s'être livrées entièrement. Ou alors, très vite, c'est la comédie de l'installation.

Et quand reviens-tu ? Et y en a-t-il d'autres ? Et est-ce que tu m'aimes un peu ? Il commence à connaître la chanson. Les plus enragées à déclarer au début qu'elles ne veulent surtout pas de liaison — seulement une rencontre — finissent par dire comme les autres que les rencontres qui ne mènent à rien, ça ne les intéresse pas et que s'il ne se décide pas à s'engager un peu plus... Alors il s'enfuit, ne revient pas, et elles le poursuivent avec acharnement de leurs coups de téléphone et de leurs lettres.

Mais qu'est-ce qu'il m'arrive ? se dit-il.

Il en parle à mots couverts à Isabelle — ah ! s'il pouvait lui parler pour de bon ! Ne comprend-elle pas que c'est cela qui les lierait vraiment ?

« Il se passe des choses pour moi, en ce moment, tu ne peux pas imaginer, un jour je te dirai...

— Eh bien, dis-moi tout de suite !

— Non, non, tu es trop fragile, je préfère me taire, plus tard...

— Alors pourquoi en parles-tu ? »

Parce que ça l'étouffe, littéralement.

Un jour, tout de même, il lui touche un mot d'une femme rencontrée elle aussi par une petite annonce et qui depuis ne cesse de le persécuter en lui écrivant tous les jours et en menaçant de se suicider.

« Tu as couché avec elle ? demande Isabelle, déjà douloureuse mais en même temps réaliste, comme à son ordinaire.

— Oh ! non, je ne la toucherais pour rien au monde ! »

Il est presque sincère : il n'a plus désormais aucune envie de la toucher.

Mais l'étonnant c'est que, tout en l'écoutant, Isabelle s'est agenouillée près de lui — il est assis dans un fauteuil bas — et s'est mise à lui masser le plexus et la poitrine comme si inconsciemment elle comprend que c'est de là qu'il souffre, d'étouffement de ne pouvoir s'exprimer.

Exprimer quoi ?

Celle-là, la Suédoise, c'est une dure. Il l'a vu tout de suite. Une étrangère qui vit seule à Paris, exerçant un métier d'art, et qui a besoin de « consommer ». Et de changer souvent de consommation. Elle recherche des partenaires pour une heure, pour une nuit, pour boire.

Peut-être même, s'est-il dit en l'observant de l'autre côté de la table du café où ils se sont donné rendez-vous la première fois, après qu'il eut répondu à son annonce et qu'elle eut répondu à sa lettre, pour s'offrir des partouzes.

Or, c'est là quelque chose qu'il ne connaît pas et qu'il a un peu envie de connaître. De « traverser », comme il traverse tout ce qui lui arrive, de préférence avec une femme qu'il n'aime pas. N'estime pas. Méprise même un peu.

Et il n'estime pas Barbara. Elle est trop sèche, trop personnelle. Mais il aime la faire crier. Car elle crie fort, comme toutes les femmes au comportement libéré qui rêvent, en fait, d'être battues, fustigées. Qui tiennent des discours féministes, vous cassent les oreilles avec l'égalité, d'ailleurs la pratiquent, vivent seules, travaillent, s'entretiennent entièrement elles-mêmes — sont prêtes au besoin à payer pour leurs amants — mais qui, au lit, gémissent comme des femelles qu'elles sont, continuent d'être, ont toujours été.

Des malades. Les femmes sont des malades, et elles ont besoin de lui pour le découvrir, le reconnaître, l'avouer.

Il aime voir une femme à ses pieds lui demander de la baiser encore une fois, et lui, se rajustant, prend l'air d'en avoir assez fait pour la journée.

Fait mine de s'en aller en lui dédiant un sourire taquin : « Tu es bien égoïste, tu devrais penser un peu aux autres après toi, qui m'attendent, que va-t-il leur rester ? »

Ce qu'il aimerait, dans ces cas-là, c'est que sa grand-mère le voie.

Elle qui l'a tant battu à coups d'étrivière, lorsqu'il revenait de l'école avec tant soit peu de retard. Pour ce qu'il faisait à ce moment-là, gamin curieux de tout, comme la plupart des gosses, avide de s'instruire et de s'instruire de la rue...

Oui, il donnerait gros pour que sa grand-mère l'aperçoive face à la blonde Barbara qui, à cheval sur son bidet, lui demande encore des caresses — tandis que lui s'y refuse.

Lui qui est plus fort qu'elle, plus fort que toutes les femmes puisque c'est lui qui leur dit non.

Rien que de penser à la situation, voilà qu'il bande encore !

« Tiens, tu vas l'avoir tout de même ta petite friandise, mais je te préviens, je suis pressé, débrouille-toi pour faire vite ! »

Toutes elles l'ont maltraité, les femmes de son enfance, sa mère aussi, qui examinait son linge : « Tu ne pourrais pas t'essuyer mieux quand tu chies ? » Qui longtemps lui a fait porter des culottes courtes, ôter ses chaussures avant de pénétrer dans la maison...

« Chez nous, dit-il, ce sont les femmes qui avaient le pouvoir, jusqu'à ce que j'arrive. »

Car lui n'est pas comme son père ni comme son grand-père, il ne se laisse pas faire par les femmes, il les baise toutes, et toutes elles l'aiment, tandis que lui ne les aime pas !

Barbara l'attend chez elle. Il sait qu'elle prétend ne pas l'attendre : elle se dit que si Pierre n'arrive pas, elle téléphonera à Daniel ou à Jean-Victor.

Mais, en fait elle l'attend, parce que — il en est sûr — il la baise mieux que les autres. Ce qu'il aime chez Barbara, c'est qu'elle n'hésite pas à lui raconter ce que les autres femmes taisent.

Barbara c'est une obscène.

Elle lui décrit les queues, la forme des couilles.

Elle fait de la sculpture et, pour elle, la pudeur n'existe pas. Elle lui rapporte les paroles des autres hommes pendant les parties de sexe, leur comportement. Elle lui fait voir des lettres.

Il ne lui a pas donné son adresse, seulement un numéro de téléphone où le joindre en cas d'urgence, mais il ne tient pas à ce qu'elle l'appelle, il le lui a dit, il préfère fixer lui-même les rendez-vous, à son gré.

Et quand il appelle, il commence toujours par : « Je te dérange ? », et fait mine de se rassurer quand elle lui répond que non.

En réalité, il rêve de la déranger, de l'arracher à une étreinte avec un autre qu'elle laisserait choir pour lui.

Isabelle a l'habitude de lui dire, quand il l'interroge sur un ton qui se veut plaisant pour savoir si elle le trompe : « Tu me suffis. »

Bien sûr, ça lui fait plaisir, mais c'est moins érotique que l'idée d'arracher une femme toute ouverte, toute pantelante, à un type qui la fourrage et de la terminer en beauté tandis qu'elle lui susurre entre deux soupirs : « Qu'est-ce que tu baises mieux que mon mec, tu n'imagines pas ! » Ensuite il la remettrait entre les mains de l'amant humilié mais aussi admiratif, qui s'occuperait de parer au reste, aux broutilles.

Quand il dit qu'il est lucide, Isabelle rit toujours. Pourtant il est sûr qu'il ne se cache rien de ses désirs. C'est Isabelle qui ne veut pas savoir, qui vit dans le fantasme, qui refuse d'ouvrir les yeux sur le réel et d'accepter de le voir dans sa vérité à lui.

Or, qu'a-t-elle de si mal, sa vérité ? Elles sont nombreuses à l'aimer, à le vouloir tel qu'il est, est-ce que ça ne prouve pas qu'il est dans le bon chemin ?

Il n'est pas ambitieux, lui, comme tant d'autres, il aime faire plaisir et se faire plaisir, est-ce un péché ? C'est rare, en tout cas, de nos jours, et ça ne fait de mal à personne. On devrait le payer, tiens, pour être comme il est. Pour rester ce qu'il est.

Les femmes devraient le payer.

Barbara lui ouvre la porte, les mains pleines de glaise, et Pierre pose les lèvres sur le haut de ses cheveux. Il n'aime pas tellement son odeur. Et puis il est un peu jaloux du plaisir qu'il lit sur son visage : est-ce que par hasard elle aimerait ce qu'elle fait ? ce tripotage ?

Il n'apprécie pas que ses maîtresses aient des passions, ou des domaines réservés — tout de suite il se sent exclu, rejeté. Et Pierre supporte abominablement mal d'être rejeté.

« Viens voir ce que j'ai commencé, lui dit-elle, je trouve que ça part bien ! »

Ce qu'il aime, chez Isabelle, c'est qu'elle ne lui dit jamais : « Viens voir ce que je fais. » Quand il arrive elle est tout entière à ce qu'il fait lui, à lui. Si celle-là se comporte comme ça, ça ne va pas durer une éternité !

Il pénètre à sa suite dans l'atelier et considère le bloc de glaise à son avis encore informe. Qu'est-ce que c'est : un visage, un animal ou rien ?

« Ça te plaît ? »

L'homme prend son air le plus réservé, presque sévère.

« Je ne te dirai rien avant la fin, je ne veux pas t'influencer.

— Tu es bête, tu peux me dire tout ce que tu veux, tu ne m'influenceras pas... »

Elle va se laver les mains tandis qu'il jette un coup d'œil autour de lui, du côté du lit mal fait. A-t-elle couché récemment avec quelqu'un ? Aujourd'hui ?

Elle ne s'est pas fait prier pour lui raconter ses « coups » pendables en Suède, couchant dans une pièce avec un type tandis que son mari dormait dans une autre, et se désengageant brusquement quand Carl, réveillé, les avait rejoints.

« Que t'a-t-il dit ?

— Il avait envie du type et il était jaloux de moi parce que c'est moi qui l'ai eu ! En même temps, ça lui a donné envie de moi... »

Pierre l'a baisée ce jour-là avec violence, imaginant tantôt qu'il était le type, tantôt le mari, et qu'elle n'était rien que ce ventre à tout faire où les désirs des hommes pouvaient se rencontrer, s'ajuster.

« Tu as soif ? »

Il n'a pas soif, mais il dit oui. Il sent qu'il a besoin de se réchauffer, aujourd'hui. Est-ce cette odeur de glaise qui finalement l'importune ? Et puis il n'a rien à lui dire. Ils ont décidé qu'ils ne se confieraient rien du reste de leur vie, c'est la règle du jeu. Or il a des soucis, en ce moment, des tracas qu'il n'arrive pas vraiment à s'ôter de l'esprit, et qu'il ne peut donc pas lui avouer.

D'ailleurs, qu'y comprendrait-elle ?

Cela présente parfois des avantages de séparer sa vie privée de sa vie tout court. Mais parfois aussi des inconvénients. Quelque chose bloque.

L'aquavit lui brûle l'estomac. Il est un homme de terroir, aimant avant tout le vin de France. Souvent, avec Isabelle, il est allé visiter les différentes régions vinicoles, passant d'un vignoble et d'un cru à l'autre, dégustant, savourant, s'initiant, affinant son don inné pour « tâter » le vin.

Isabelle, moins connaisseuse, le regardait avec bonheur lever son verre, comme si elle appréciait que ce fût pour une fois dans le vin, et non auprès des femmes, qu'il trouvât à satisfaire son goût de la diversité.

L'aquavit maintenant lui tord d'estomac, anéantit son goût, son odorat, l'annihile.

La grande fille, en pantalon, le cheveu court, l'air assez vide, s'est assise en face de lui et siffle son eau-de-vie comme un homme.

Attendant elle aussi que « l'effet » se produise. Il ne désire pas l'approcher, ni la caresser. Il a seulement envie d'être en elle. De la faire crier. Puis de s'en aller.

Ce qu'il y a de bien avec Barbara, c'est que les précautions et les délicatesses ne sont pas nécessaires et ne seraient d'ailleurs pas perçues. Elle est *simple* et parfois c'est agréable que les femmes soient simples.

Alors il se lève, pose son verre, passe derrière le siège où la femme est assise et lui prend les seins à pleines mains.

Elle ne dit rien mais fait glisser d'elle-même son pantalon. Toujours assise, les jambes grandes ouvertes, le ventre nu, elle a gardé son chandail à col roulé.

En face d'eux, un miroir en pied style Louis-Philippe, où Pierre soudain se découvre, maniant à travers le chandail les seins de la femme blonde, tandis que celle-ci, nue à mi-corps, ouvre grand les cuisses et commence à se caresser elle-même.

Dans la glace, leurs yeux se rencontrent. D'un seul coup le désir est là.

« Mets-toi par terre », lui dit-il.

Il n'a pas envie d'aller dans la chambre, comme ça il pourra partir plus vite après.

Mais il pense à ce lit défait où elle l'a peut-être trompé avant qu'il arrive.

Où il espère de toutes ses forces qu'elle l'a trompé.

Qu'elle a eu un homme juste avant lui et qu'elle est encore chaude de cet homme, qu'elle pense à cet homme pendant qu'il la retourne et qu'il la prend par-derrière, vite, sans joie, mais avec quel intense sentiment de liberté.

XII

SOUVENT, quand Isabelle lui ouvre la porte, elle trouve Pierre presque accroupi sur le seuil — ce qui fait que son regard passe par-dessus lui avant de l'apercevoir —, comme s'il cherchait à lui faire une blague, une farce. En somme, à commencer dès l'abord par la surprendre et la déboussoler.

La dernière fois, agacée, elle lui a dit : « Mais tu n'es pas un petit garçon ! »

Il s'est relevé aussitôt.

Agit-il aussi puérilement avec les autres ?

Il lui dit qu'il les aime fortes, grasses, les seins énormes. Mais peut-être est-ce pour l'égarer et est-il plus certainement ému par les blondes à l'odeur fade, virilement charpentées. Ces aryennes qui gémissent d'une voix rauque de buveuses d'eau forte, « nazies » qui vont manier le fouet après boire. Ou avant.

Mais il aime aussi les petites juives rigolotes, à la peau laiteuse et à l'œil trop vaste.

Elle le sait bien qu'on peut trouver du charme et quelque chose chose d'érotique chez n'importe quelle femme.

Un appel muet, désespéré et d'autant plus troublant à la jouissance.

Pourvu qu'il y ait un homme pour avoir l'envie d'y répondre et se présenter avec les instruments adéquats, ce que Pierre appelle assez vulgairement « mon petit matériel », ou encore « mon petit matériel de survie ».

Une sorte de kit, de trousse de bricolage vite fait.

Une fois il lui a dit :

« Moi j'ai eu un grand-père qui était play-boy.

— Tu l'as connu ?

— Il est mort jeune. Mais ma grand-mère m'a raconté. Elle me disait : « Ton grand-père était un « homme de plaisir, il n'avait pas d'occupation, « il courait après les femmes. » Elle en riait et elle trouvait que je lui ressemblais, du moins physiquement. Car moi je travaille. »

Il y a même des moments où elle se demande si ça n'est pas elle, Isabelle, qui en quelque sorte le téléguide, cet homme flottant dans ses aventures. Si ça n'est pas « pour elle » qu'il va visiter les femmes, sauter les femmes. (Au début de leur rencontre, dans l'excès de sa jubilation amoureuse, ne lui a-t-il pas dit — elle en a été si choquée ! — « Si ça te fait plaisir, je peux faire l'amour avec n'importe laquelle de tes amies, tu n'as qu'à me le demander ! »)

Devenu inconsciemment son instrument mâle, son « étrave » destinée à satisfaire sa sensualité, son érotisme et son trouble *à elle.*

Lui, d'une certaine manière, n'éprouve pas grand-chose dans l'amour.

Et c'est pour cela qu'il a tant besoin d'Isabelle.

Il a besoin d'une femme qui vive, souffre, jouisse à sa place — et sans doute le fait-elle mieux que quiconque, mieux qu'une autre.

Sans doute est-ce cela qui les lie.

Sa capacité à elle de souffrir.

Elle se souvient de son grand-père maternel. Un très vieil homme qu'elle a peu connu. Il vivait seul, en sauvage, depuis que sa femme l'avait quitté.

Elle s'était enfuie dans une autre ville en emmenant leurs enfants, parce que son mari non seulement la trompait mais de surcroît la battait sous le prétexte — un comble de sa part, à lui l'infidèle ! — qu'il était jaloux...

Et cette femme ne pouvait plus évoquer l'époux dont elle s'était séparée et qu'elle n'avait plus jamais voulu revoir, sans s'écrier : « Le vilain bonhomme ! »

Avec quelle terreur et aussi — Isabelle le comprend subitement — quelle jouissance et quelle avidité !

Ces deux êtres qui ne se rencontrèrent plus de leur vivant demeuraient intimement liés par le désir.

Un lien si violent qu'il survécut à leur séparation. Devenu le sel de leur vie. Leur quotidien. Leur raison d'être.

Ils moururent la même année. Elle d'abord, lui ensuite, à des centaines de kilomètres de distance. Réunis dans le même cimetière. Non point amoureux, non point aimants, mais fondus l'un à l'autre.

Et se continuant indissolublement dans leurs descendants. En elle, Isabelle.

Et lui, son amant, quel désir poursuit-il sans le savoir dans le lit de ces femmes de hasard, entre les jambes, les cuisses de tant d'inconnues diverses, son sperme insoucieusement mélangé aux humeurs de l'une ou de l'autre, au plus chaud de cette intimité bénie qui est pour Isabelle la seule réalité en ce monde ?

Le point précis où achoppe et se vérifie tout ce qu'elle est, ses désirs, ses aspirations, son attente, dans une sorte de « précipitation » alchimique, de sublimé.

Deux ventres mouillés accolés l'un à l'autre.

Quelle pitié !

Et quand elle y pense trop fort, la femme tombe à genoux. Elle veut se lever le matin et elle retombe sur le tapis, au pied de son lit, incapable d'aller, plus loin. Comme si elle était arrivée. Mais où ?

En ce moment même, elle lavait un peu de vaisselle et elle vient de glisser au pied de l'évier, la joue contre l'émail froid, et la voilà qui pleure, mais comme elle pleure...

XIII

ELLE voit tout de suite que l'homme l'attend déjà à une table de coin dont il a fait retirer les fleurs.

C'est l'habitude d'Alain-Louis de lui donner rendez-vous dans ces restaurants de haut luxe qu'il affectionne, bien qu'il lui arrive aussi de l'inviter chez lui, quand la femme avec laquelle il vit à ce moment-là est absente.

Aussitôt après leur séparation, il a épousé Marie-Colette, qui était enceinte, pour redivorcer un peu plus tard.

C'est lui qui a gardé l'enfant, sur la demande de Marie-Colette, laquelle est partie ensuite aux Etats-Unis vivre en « loft », comme elle dit, en atelier, c'est-à-dire en semi-communauté avec des groupes d'artistes.

En s'approchant de l'homme dont elle sait qu'il ne lèvera les yeux de son journal qu'à la toute dernière seconde, Isabelle se demande une fois de plus ce qui fait qu'elles ont *toutes les deux*, Marie-Colette et elle, choisi « l'exil » après avoir épousé le même homme ?

« Est-ce parce que nous avions quelque chose de semblable au départ, ou parce qu'il nous a rendues semblables ? »

« Bonjour. »

L'homme se lève d'une façon protocolaire pour l'embrasser sur les deux joues et, l'espace d'une seconde, Isabelle se sent aimée et désirée. Pas trop. Alain-Louis sait très bien tracer des frontières, pour ce qui est du sentiment, et s'y tenir. D'où sa force en d'autres domaines.

Depuis le départ de Marie-Colette, il change à intervalles réguliers de compagne, n'aimant, dit-il, que son travail et son fils.

« Assieds-toi là. Maître d'hôtel, la carte ! »

Puis le déjeuner « lancé » — comme il lance toutes les opérations qu'il a décidé de prendre en charge — il se tourne en souriant vers la jeune femme :

« Alors ?

— Comment va Stephen ? » dit Isabelle, choisissant la facilité.

Alain-Louis a aussitôt son sourire radieux, presque angélique, celui qui la touchait tant autrefois — sans doute aussi Marie-Colette — et qu'il n'arbore désormais que lorsqu'il est question de Stephen.

« Il est en classe de neige, je l'ai eu au téléphone ce matin, il vient d'avoir ses trois étoiles. Demain, il participe à une compétition, je lui ai dit qu'il fallait qu'il se couche tôt ce soir, qu'il mange peu et qu'il gagne. »

Avec Alain-Louis, il faut toujours gagner.

Isabelle, pour son compte, est tout de suite paralysée à l'idée qu'elle ne peut parvenir à ses buts qu'en *battant* quelqu'un ou en prenant sa place. Mais tel est le monde des hommes, ou plutôt des hommes qui font marcher le monde. Ou le croient.

Sans doute n'est-elle pas dans le monde des hommes.

Alors où suis-je ? se dit-elle en dépliant sa serviette.

« Tu as choisi ?

— Oui, des asperges et une bécasse, après je prendrai une tarte aux abricots.

— On va la faire réserver. »

D'une certaine façon, elle n'aime que les heures volées, dérobées au sérieux des autres et même au sien propre.

La veille encore, elle est partie se promener avec Pierre en plein après-midi, à ce qu'on appelle les « heures creuses », en fait les heures les plus pleines pour ceux qui travaillent, et elle a savouré de laisser ses papiers en désordre sur sa table, saisissant au passage le premier vêtement qui lui est tombé sous la main, parce que Pierre l'appelait et que tout en lui répondant elle pouvait apercevoir, du coin de l'œil, un triangle bleu par-dessus les toits, vif comme un étendard.

« Je suis contente pour Stephen », dit-elle en reposant sur la table le large menu cartonné, tandis que plusieurs serveurs et un maître d'hôtel, qui connaissent Alain-Louis et la largesse de ses pourboires, s'empressent autour d'eux.

A peine desserre-t-il les dents pour passer commande.

« Pour Madame ce sera une bécasse. Asperges avant. Tu crois qu'elles sont bonnes en cette saison ? Moi je préfère une salade à peine assaisonnée, pas de sel, laitue. Et du pain grillé. Tu as lu *Le Figaro* ce matin, l'article de Dufort ?

— Vinaigrette ou sauce mousseline, les asperges ?

— Prends la sauce mousseline, ici elle est bonne. Quels légumes avez-vous avec l'entrecôte ?

— Haricots verts, monsieur, mais nous pouvons vous donner un assortiment carottes nouvelles, petites pommes de terre sautées...

— Haricots verts. Et les toasts tout de suite. — Il parle de l'insuffisance des dernières mesures économiques, un massacre. Et du blocage des prix. — Apportez du beurre. C'est quand ton prochain congrès ? »

Isabelle admire machinalement le savoir-faire du maître d'hôtel qui, plié en deux pour entendre les paroles presque chuchotées de son client, carnet et crayon à la main, discerne à merveille ce qui relève du souhait à satisfaire au plus vite, ou au contraire plus tard, du commentaire *in petto*, de l'interrogation sourcilleuse quant à la nature ou à la qualité d'un plat, et les propos auxquels il a alors le tact de faire la sourde oreille — qui s'adressent non pas à lui, serveur, mais à la jeune femme.

C'est le jeu.

Isabelle le trouve ennuyeux.

Déjà, enfant, elle n'appréciait pas les endroits dits de luxe parce qu'elle avait vite remarqué, comme tous les enfants, que c'était justement ceux où on a le moins le droit de bouger, de dire ce qu'on pense et de faire du bruit.

Or, curieusement, plus elle vieillit et grandit, plus elle a envie de s'agiter et de parler haut — comme les enfants !

Et dans ce restaurant trois étoiles où elle se laisse quand même inviter à intervalles réguliers par Alain-Louis, cédant à une espèce de fatalisme, et aussi pour éviter de trop le dépayser, lui, la jeune femme se sent par instants comme sous le coup d'une réprimande diffuse, et elle s'efforce de surveiller ses gestes — se tenir droite, ne pas vider son verre d'un trait, éviter de « saucer », répondre « très bon » quand on vient lui demander si elle est satisfaite de ce qui se trouve dans son assiette — alors qu'elle se fout complètement de ce qu'elle avale quand la conversation l'intéresse...

« Le congrès vient d'avoir lieu, à Poitiers. Un chercheur américain a dit des choses passionnantes sur l'impact de l'image télévisée selon les niveaux de culture, sinon ça n'était pas très intéressant. Et toi, que fais-tu en ce moment ? »

Elle revoit soudain le petit caboulot du XIXe arrondissement où, la veille, elle a déjeuné avec Pierre.

La cuisine se fait dans la salle, près d'une haute cheminée paysanne perpétuellement en activité, non pour épater le client — comme dans certains établissements prétentieux dénommés « auberge » ou « hostellerie » — mais par convenance personnelle du patron qui a localisé ses feux à la fois près de ses tables et d'une porte vitrée qui donne sur une arrière-cour presque rurale où vivent des chats, sans doute des lapins, des poulets, un arbre, et où se rangent, vu les allées et venues du personnel, les caisses de boissons et de légumes frais.

« Madame veut-elle encore des petits pois ?

— Non merci, dit-elle à la silhouette courbée en deux, un plat et des couverts en argent à la main. Il me semble que tu voyages beaucoup ces temps-ci, l'avion ne te fatigue pas trop ?

— Si, l'avion me fatigue même de plus en plus, et aussi tous ces hôtels anonymes, avec leur nourriture identique... Ça n'est pas une vie.

— Pourquoi la vis-tu ?

— Ça n'est pas moi qui la fais ce qu'elle est, c'est le mouvement des affaires. Ou on la suit ou on se retire.

— Alors retire-toi...

— J'y songe, encore quelque temps et je vais prendre une retraite anticipée. Mais il faut que j'en aie les moyens, et aujourd'hui c'est de plus en plus difficile, il n'y a plus un seul placement sûr sur le marché international.

— L'or ?

— Tant que les Russes et les Américains ne sortent pas leurs réserves.

— On m'a parlé du yen ?

— Ah ! oui, le yen, et si un jour il n'est plus convertible ? »

Dans le restaurant du XIXe, tout en s'occupant de la cuisine et des besoins du service, le patron et ses aides continuent à mener leur vie, vaquant éventuellement à leurs propres affaires, parlant entre eux, plaisantant, téléphonant, se nourrissant eux-mêmes, debout ou sur un coin de la table la plus proche de l'âtre et des fourneaux, ce qui fait que les clients, n'ayant pas le sentiment d'être des objets-fétiches ou des espèces de larves que des fourmis-valets — comme ici ! — se chargent de nourrir et presque de torcher — « Madame reprendra-t-elle de la sauce avec ses légumes ? » — mais au contraire des personnes considérées comme adultes et responsables, se mettent eux aussi à être vraiment naturels, dans tous leurs gestes et leurs appétits.

« Bonne, ton entrecôte ? »

Elle pique d'une des dents de sa fourchette un haricot dans l'assiette d'Alain-Louis.

Sans lui répondre — mais il n'a sûrement pas apprécié la familiarité de son geste — l'homme enchaîne sur le nouveau passe-temps, ou plutôt passe-vacances, qu'il vient de découvrir : la planche à voile.

« C'est un merveilleux moyen à la fois de prendre l'air et de faire de la gymnastique. »

On ne peut pas dépayser Alain-Louis, pense Isabelle, c'est toujours lui qui ramène les lieux, les êtres et les choses à sa norme.

Elle tente de l'imaginer dans la petite gargote de la veille, ou dans n'importe lequel de ces restaurants d'habitués qu'elle fréquente avec Pierre et qui surgissent comme des champignons sous le pas de ceux qui les aiment — invisibles aux autres.

Alain-Louis aurait sûrement froncé le nez dès l'accueil — comment, on ne lui offre pas la meilleure table ? — à cause aussi de l'odeur de chou, de friture, de n'importe quel fumet trop ordinaire, des têtes dans la salle dont aucune ne lui est connue ni de son point de vue ne mérite de l'être, du chien qui vient vous flairer pour voir si on est de connaissance, de tout ce qui fait qu'en de tels endroits on n'est pas quelqu'un mais soi-même.

Est-il capable d'être lui-même, se demande-t-elle en décortiquant avec une certaine agressivité sa bécasse — pourquoi donc a-t-elle pris ce plat, elle qui aime tant les oiseaux ailleurs que dans son assiette, pour se punir d'être ici ? —, n'est-il pas trop « fragile » ?

Quand ils vivaient ensemble, elle s'efforçait d'écarter de lui les bruits inopinés, les affrontements avec le personnel, la famille, de lui dissimuler les bris ou les pertes d'objets, comme s'il était incapable de les supporter.

En fait, c'est elle qui n'a pas la force de supporter son air blessé d'enfant malheureux devant un jouet cassé.

Pierre aussi a parfois cet air-là, et quand elle s'en aperçoit Isabelle est prête à faire n'importe quoi pour le remettre en selle, fût-ce à ses propres dépens. Il est si vulnérable...

Mais que lui prend-il, ces temps-ci, à trouver tous les hommes trop fragiles ?

Ce sont tout de même ces petits fragiles qui mènent le monde !

Qui contrôlent l'argent, maîtrisent l'économie et ces fameux « choix » qui font qu'on va se retrouver demain dans des sociétés dépourvues d'écoles mais bourrées d'armes nucléaires, sans trains de banlieue mais encombrées de super-Concorde, sans animaux, sans vraies maisons, avec de moins en moins d'enfants mais de plus en plus de béton et de plastique — eux et non les femmes !

Alors des fragilités comme ça...

Hitler aussi, à sa façon, devait être un petit fragile !

Du moins à ce que raconte son valet de chambre dans ce livre sans doute romancé qu'elle vient de lire.

Impulsivement, elle interrompt l'exposé chiffré d'Alain-Louis :

« Je viens de lire un livre très curieux. Je te le prêterai, c'est sur Hitler. Il paraît qu'il était tellement attaché à ses vieilles bottes éculées qu'il les remettait et les retrouvait toujours, même quand on les lui cachait pour les remplacer par de plus neuves. C'étaient les seules avec lesquelles il se sentait bien... Il s'accrochait aussi à ses mêmes chemises, son même uniforme, sa même casquette... »

Elle se rappelle soudain qu'Alain-Louis aussi a horreur de changer la coupe de son costume, la couleur de son linge !

Décidément, ça ne va pas dans sa tête aujourd'hui.

D'un coup de fourchette agacé, elle repousse sur le bord de son assiette la carcasse de la bécasse et la dissimule sous une feuille de chou, pour ne pas laisser voir et ne pas voir elle-même qu'elle y a à peine touché.

« Intéressant, dit poliment Alain-Louis, et comment travaillait-il ?

— Ça, je n'en sais rien !

— C'est toujours passionnant la façon dont les gens travaillent et c'est ce qu'on sait le moins. Je viens de lire une biographie de Kennedy où l'auteur donne toute sorte de détails sur la manière dont il organisait son travail à la Maison-Blanche, dans les transports, en voiture, pendant ses vacances... »

Elle ne doit pas oublier que c'est elle qui a voulu divorcer !

« Picasso également travaillait du matin au soir, dit-elle, on lui apportait des toiles et du papier à dessin par camions, il s'arrêtait juste pour manger et dormir. Mais toi aussi tu travailles beaucoup.

— Pas assez ! Le plus gênant, ce sont tous ces gens qui vous invitent à des dîners et des déjeuners interminables... Désormais, je refuse tout. »

C'est elle qui s'est mise à l'écart de ce qu'il appelle son « travail », parce qu'elle craignait de s'y trouver prise, fossilisée comme un scarabée dans un cube de plastique.

L'homme est bien bon d'avoir conservé d'aussi excellentes relations avec une femme qui, d'une certaine façon, l'a abandonné au milieu du parcours — car même s'il lui arrive de se dire qu'il a accepté un peu vite sa proposition de divorce, c'est tout de même elle qui l'a rejeté, cet homme, hors de sa vie, comme une parturiente expulse son fruit... ou comme parfois elle rejette Pierre.

Alain-Louis est proche, et elle le voit soudain loin, très loin, assis bien en arrière sur sa chaise, dans une zone qui lui est devenue interdite. Où elle n'a plus le droit désormais de s'aventurer. Plus envie non plus. A tout jamais.

« Où en sont tes projets ? »

Alain-Louis n'aime pas qu'on lui parle de son travail ou de ses affaires, seulement de ses « projets ». Le présent, en fait, ne compte pas à ses yeux et il passe son temps à l'annuler, le nier, au profit de l'avenir, en somme d'un mirage !

La voilà qui recommence !

Pour tenter de s'humaniser, de s'amollir, elle boit une gorgée de vin, pose ses coudes sur la table, tant pis pour le regard du maître d'hôtel, appuie sa tête sur ses deux mains, dévisage son compagnon bien en face en se forçant à l'écouter.

« C'est la lourdeur bureaucratique qui paralyse la reprise économique. Pour un producteur, il y a je ne sais combien de fonctionnaires à la charge de l'Etat et des contribuables... On sera bientôt aussi annihilés par la bureaucratie que les pays de l'Est.

— Alors pourquoi te bats-tu puisque le combat est perdu ?

— Pour leur démontrer que maintenant encore on peut renverser la tendance — il suffit de le vouloir... »

C'est ce qui l'émeut et l'a toujours émue chez cet homme, cette capacité d'inventer et de faire apparaître ce qui n'existe pas encore.

Mais de plus en plus dans un seul sens : gagner du temps.

« Avec les nouvelles rotatives, on peut imprimer

un livre en quelques minutes... Les journaux aussi. »

Evidemment les syndicats s'y opposent. Ils ont peur de la mise à pied. Ils n'imaginent pas que la progression technique bénéficie à la nation tout entière. Ce « temps gagné » peut permettre de réduire considérablement les heures de travail, donc d'avancer l'âge de la retraite, et le temps des loisirs.

Même dans sa propre vie, il ne songe qu'à ça : resserrer le temps.

Le temps du cheminement, de la réflexion, de l'attention, de la digestion (est-ce pour cela qu'il mange toujours léger ?), le temps de la souffrance.

Tout ce qui fait que les hommes ne sont pas comme les animaux des systèmes-réflexes, mais vivent dans une dimension plus vaste que l'actualité, dans l'au-delà du moment présent. Ont une histoire.

C'est curieux de penser que c'est justement la technologie la plus sophistiquée, comme les ordinateurs de pointe et l'automatisation totale, qui risque de faire régresser l'homme — réduit au rôle de pousse-bouton — au stade de sous-animal...

Comme l'idée lui plaît, elle a envie d'en faire part à Alain-Louis. Il la lui a inspirée, peut-être cela l'amusera-t-il ?

Mais Alain-Louis n'aime pas tellement qu'elle ait des idées, il aime... mais qu'aime-t-il ?

Elle le regarde, cet homme qui fut son compagnon, comme elle ne l'a encore jamais regardé, cherchant entre les lignes familières du visage, les plages énigmatiques des joues, du front et ce qu'elle peut apercevoir de troublant, d'inconnu, au fond des narines, de la bouche, et par le trou noir des pupilles.

Qu'est-il d'autre, cet homme auprès de qui elle a vécu tant d'années, qu'une vaste palpitation organique, une arborescence de canaux, d'artères, de veinules, un abominable et terrifiant monstre viandeux ?

Alain-Louis vient de terminer en trois bouchées son entrecôte haricots verts, et elle se dit qu'une fois de plus elle a dû l'agacer en choisissant une bécasse sur canapé, plat long à préparer et qui, du fait qu'il est différent, donne à penser, et donc fait « perdre du temps »...

Tant pis, il n'est plus son mari ni son amant, qu'il s'énerve !

En fait, il paraît très à son aise, occupé à démonter devant elle les rouages de son dernier jouet, ce complexe mi-français, mi-allemand qu'il vient de mettre sur pied dans l'intention de révolutionner l'informatique.

« L'avenir c'est la coopération franco-allemande, en attendant l'alliance avec l'économie russe... »

Isabelle entend le discours, les termes familiers, mais n'enregistre pas.

Quelle importance ?

Ce qui compte c'est qu'elle soit là, près de lui, paisible, avec son corps.

A condition qu'elle ne tombe plus dans l'angoisse, comme tout à l'heure, quand Alain-Louis s'est transformé sous ses yeux en un amas de viscères et de cellules tressautantes.

Elle considère ses propres mains qui s'allongent de part et d'autre de son assiette, ses doigts minces que cercle un seul anneau d'argent, modeste cadeau de Pierre, et elle se demande soudain si elle est assez soignée, élégante.

Alain-Louis apprécie une certaine présentation chez les femmes, et tout le temps qu'elle a vécu avec lui elle en a tenu compte, fréquentant les grands couturiers, les bottiers, les coiffeurs de luxe.

Puis elle a fini par s'en lasser.

Les défilés de mode, le choix d'un ensemble, les essayages, sont devenus pour elle une telle corvée. Aurait-elle encore les moyens financiers de s'habiller luxueusement qu'elle ne le ferait pas.

Elle préfère porter des vêtements rapidement achetés, quoique avec soin, dans les bonnes boutiques de prêt-à-porter, noirs de préférence parce que le noir est toujours flatteur, et qu'on perd moins de temps, lorsque tous les éléments de sa garde-robe sont du même ton, à élaborer sa mise.

Quel plaisir elle prenait toutefois à se « déguiser » pour que les hommes se retournent quand elle entrait dans un endroit public !

Elle savait comment s'y prendre : une série de « trucs ». Différents quand ce ne sont pas les hommes mais les femmes qu'on cherche à étonner.

Maintenant, elle n'a plus envie d'épater personne, le plaisir d'être regardée a cédé la place à un autre, celui de regarder elle-même.

Toutefois, Alain-Louis n'a pas dû la trouver assez remarquable dans son ensemble de jersey noir, car il n'a pas fait de commentaire, alors qu'il ne dédaigne pas de complimenter les femmes quand il juge qu'elles le méritent.

Tant pis, il n'a qu'à apprécier ce qu'elle lui offre, sa chaleur, son attention. Elle se penche vers lui, une joue sur la main, buvant à nouveau ses mots, s'imaginant qu'elle fait couple avec lui aux yeux de tous ceux qui les entourent, mais est-elle vraiment avec lui ?

A nouveau, elle revoit Pierre tel qu'elle l'a aperçu, quelques jours plus tôt, l'attendant près de la gare de Lyon, sous une pendule.

Il devait être là depuis un bon moment, sa trop longue écharpe de laine noire autour du cou, un livre sous le bras, n'ayant pas l'air d'attendre, concentré et même replié sur lui-même, solennelle incarnation du temps qui passe.

Peut-être à cause de la pendule qui le domine, de son large cadran et du brusque sautillement de ses aiguilles.

Il n'épie nullement la direction par laquelle elle doit venir, comme s'il assumait très bien d'être seul au monde.

En fait ne l'assumant pas du tout.

Ayant besoin d'elle.

Comme un petit garçon à la sortie de la classe attend désespérément, seul devant la grille du collège, jouant la désinvolture et l'indifférence, qu'on vienne le chercher.

Brusquement, Isabelle a envie de se lever et de courir vers cet homme dont elle vient d'imaginer qu'il a si follement besoin d'elle.

Alors qu'elle croyait jusqu'ici que c'était elle qui attendait d'une façon quasi continuelle qu'il vînt la chercher. Qui aime tant qu'il vienne la chercher, tremblant presque d'excitation lorsque la voiture démarre à toute pompe, comme s'ils étaient poursuivis et craignaient d'être rattrapés — ce qu'ils seront forcément un jour — alors qu'ils ne savent même pas où ils vont.

Maintenant, elle n'écoute plus ce que dit Alain-Louis, enregistrant seulement ses fins de phrases pour pouvoir éventuellement relancer une question.

« En tout cas, dans vingt ans, le pétrole c'est fini ! »

Longtemps Pierre et elle avaient préféré les quartiers périphériques de Paris où la population est moins dense. Les alentours du canal Saint-Martin, Vincennes, la porte de Vanves, ou alors des lieux un peu hors de la circulation comme l'île aux Cygnes, les entrepôts de l'ancienne Halle aux Vins, les rues encerclant les abattoirs désaffectés de La Villette, Bercy, Belleville...

Pierre les guidait, connaissant un peu le coin pour y avoir visité un client, parfois même vécu à l'époque où, récemment débarqué à Paris, il changeait perpétuellement de logement et de quartier.

Il disait ne pas garder très bon souvenir des premiers temps de son arrivée à Paris, jeune provincial isolé et solitaire débarquant dans une grande ville où il n'avait ni parents ni amis et qui le rejetait avec hargne, comme n'importe quel immigré dont on n'attend que le travail.

« Tu vois, disait-il à Isabelle en lui désignant un immeuble du genre H.L.M., j'étais là-haut, au neuvième étage, dans une chambre sur cour, sans chauffage et sans ascenseur.

Il semble l'en accuser, elle qui a passé son enfance dans les confortables demeures des beaux quartiers, mais aussi dans l'angoisse des enfants emmurés à l'intérieur même du luxe de leurs parents, détresse dorée impossible à faire partager, surtout à un homme comme lui.

Elle préfère s'émouvoir à son propos, le questionner, cherchant à reprendre à son compte les souvenirs de cet homme — puisque lui-même ne s'intéresse pas aux siens — dans l'espoir de les lui rendre meilleurs.

« C'est le choix du nucléaire ! »

Comme ce jour où ils ont escaladé jusqu'au neuvième étage un bâtiment de La Chapelle, en se cachant de la concierge.

« J'habitais là, avait-il dit en arpentant les étroits couloirs bordés de portes individuelles guère plus espacées que celles d'une prison, derrière cette porte-ci, non celle-là... J'étais amoureux d'une femme mariée, elle était fonctionnaire à l'enregistrement et ne pouvait venir me voir qu'entre cinq et six. Le temps qu'elle ait repris haleine d'avoir monté les étages, on passait à l'acte et aussitôt après il fallait qu'elle se rhabille et s'en aille en courant... Je crois que je ne l'ai connue qu'essoufflée... Une belle blonde, la peau plus claire encore que toi, et des seins hauts et larges, comme les tiens... »

Elle sait qu'à la moindre réaction de sa part — qu'il escompte — il risque de s'étendre encore plus. « Un cul divin », dira-t-il comme chaque fois qu'il évoque une femme qui lui a plu un moment.

En redescendant l'escalier monté avec tant d'amoureuse ardeur, Isabelle se débat contre ces images de rut que Pierre a délibérément glissées parmi les autres.

Et qui les détruisent.

Ou plutôt la détruisent, elle, dans son effort pour se situer auprès de lui et prendre — fût-ce à retardement — une place dans sa vie passée. Alors que la place, tout compte fait, est déjà prise.

Le jeune loup affamé dont elle s'est plu à imaginer la silhouette dégingandée, solitaire, hantant ces murs gris sales qui n'ont certainement pas été repeints depuis son passage, n'en est pas un.

Mieux vaut couper court.

« Tu as vu ce drôle de type avec son chien ? » dit-elle dès la rue.

Comme chaque fois qu'elle refuse de le suivre sur le terrain de ses exploits amoureux, Pierre éclate aussitôt en reproches absurdes.

D'abord sur la façon dont elle a prétendument rangé la voiture trop loin du trottoir.

« Et pourquoi as-tu mis des chaussures avec des talons pareils ? Tu ne le savais pas, qu'on allait marcher ? C'est pourtant toi qui as dit qu'on partait en « exploration » ! J'avais une copine, il suffisait qu'on aille à la mer pour qu'elle mette des bottes, à la montagne pour qu'elle emporte des talons aiguilles ! Ça n'a pas duré, je peux te le dire ! »

Isabelle laisse passer l'orage, regrettant de l'avoir provoqué : s'il éprouve si fort le besoin de lui raconter les autres femmes, c'est peut-être pour qu'elle l'aide à mieux comprendre ce qui lui est arrivé avant elle, à s'en guérir ?

Mais le jour d'après, quand il veut lui raconter comment il a dépucelé la fille de sa marraine, une jeune fille à laquelle il enseignait gratuitement la géométrie, après un premier effort pour accueillir favorablement ses confidences, elle l'arrête net.

Elle n'a pas la force, voilà tout.

Elle est une femme trop sensible, trop amoureuse, et pas assez sûre d'être aimée — non un saint-bernard. Ni une psychanalyste.

Ne peut-il en tenir compte ?

Il lui a dit que ses enfants, encore très jeunes, avaient déclaré devant des étrangers : « Les femmes de papa, elles ne tiendraient pas toutes dans la maison, ni même dans le jardin ! »

Il s'en était réjoui comme d'un compliment. Isabelle ne l'a pas pris ainsi. A son sens à elle les enfants aussi doivent vivre le donjuanisme de leur père comme une menace, une faiblesse.

Cela lui donne envie de les connaître, dans l'idée

de les rassurer et de se rassurer auprès d'eux en leur disant qu'il existe des amours durables, fidèles. Que c'est son espoir à elle, sa vérité — ce que Pierre nomme son « moralisme ».

Au fil des mois, les amants découvrent qu'ils peuvent tout aussi bien se dépayser dans les quartiers du centre de la ville.

Au cœur de lieux extrêmement fréquentés comme La Madeleine ou Saint-Germain-des-Prés, il y a toujours, pour qui sait, des coins à l'écart.

Isabelle se souvient de la surprise que Pierre lui a faite, dans le quartier des Ternes, en l'entraînant à l'improviste dans une petite impasse aboutissant à un rond-point planté d'un arbre solitaire et bordé d'échoppes si vétustes qu'elles paraissent inchangées depuis un siècle.

Un autre jour, aux abords du parc Montsouris, ils explorent la main dans la main une série de ruelles bâties de pavillons où grimpent des rosiers et de la vigne vierge et qui évoque irrésistiblement l'époque où Gertrude Stein, Alice Toklas, Hemingway, Fitzgerald, Miller, tous les grands Américains à Paris savouraient l'incommensurable liberté qu'offre la capitale à ceux qui y migrent.

Pierre aussi possède ce talent d'immigré pour explorer Paris et le faire connaître à Isabelle.

Ainsi Bercy, cette enclave le long de la Seine miraculeusement identique à ce qu'en fit Viollet-le-Duc, les attire et les ramène, dès que le temps tourne au clément ou qu'ils ont à se dire des choses un peu plus douces, à parler de ce qu'ils ignorent encore l'un de l'autre.

Un jour Isabelle lui fait jurer que s'il revient là avec d'autres, ce sera pour l'amour d'elle.

Seul serment qu'elle lui demande jamais — et qu'elle obtient.

Il y eut aussi les deux jours à Bruges.

Passer le reste de sa vie dans une maison au bord d'un canal, dissimulée derrière un géranium et un pan de rideau, à le voir partir le matin puis revenir le soir... Dans un temps à jamais immobile.

Ralentir le temps.

N'est-ce pas à cela que sert aussi la marche à pied ?

La veille encore, le couple s'était longuement promené dans l'un des derniers lieux secrets de Paris, près du canal de l'Ourcq et de sa passerelle, à hauteur de la place de Bitche et du quai de la Seine.

Isabelle y a repris son rêve d'une maison de briques rutilantes, où parmi des meubles cirés elle attend chaque soir avec confiance le retour de l'homme qu'elle aime.

C'est simple, le bonheur, si simple.

Frissonnant un peu sur ce pont éventé, elle a passé le bras autour de la taille de Pierre, comme pour le protéger alors que c'est elle qui a froid :

« Tu n'as pas envie d'être heureux ? »

Eh bien oui, justement, il a très envie d'être heureux : dans ses tripes !

« Allons déjeuner ! »

A quelques pas de la rue de Crimée, ils découvrent alors le bistrot à haute cheminée où le patron les regarde comme s'il les connaissait depuis toujours mais, par discrétion, prétend ne pas les reconnaître.

« Madame veut-elle du café ?

— Tu veux du café ? » lui répète Alain-Louis comme elle ne répond pas, toute à sa rêverie.

Pour la première fois depuis le début du repas elle perçoit comme une interrogation dans sa voix.

« Oui, je veux bien. Sans sucre. »

Alain-Louis ne la questionne jamais sur sa vie privée, mais peut-être y songe-t-il ?

Elle n'a aucune envie de se confier à lui, il est même le dernier, pense-t-elle, auquel elle révélerait quoi que ce soit, de peur de le rendre atrocement jaloux.

Non de ses amours, mais de sa liberté.

« Quelle liberté, se dit-elle en remettant son manteau que lui tend la très civile dame du vestiaire, celle de souffrir ? »

Sur le trottoir, au moment de la quitter, Alain-Louis lui propose son chauffeur et sa voiture pour la reconduire.

Elle ferait mieux d'accepter, pour donner à cet homme qui a été son époux le sentiment qu'il a encore quelque chose à lui offrir en plus de ce repas de luxe.

Mais elle refuse.

Elle a trop besoin de marcher, hantée par le souvenir de sa rencontre de la veille avec son amant, comme si c'est de déjeuner aujourd'hui avec un autre qui lui en fait après coup découvrir tout le prix.

D'où vient qu'ils soient restés si longtemps et si facilement à table — eux toujours pressés — sans s'irriter le moins du monde de la lenteur du service, reprenant deux fois du café, et même des liqueurs ?

Est-ce parce que Pierre lui a de nouveau raconté sa vie ?

L'histoire belle et triste d'un garçon ingénu qui, jusque-là, n'a pas vraiment eu sa chance, gêné par sa propre honnêteté, son goût irritable de la liberté et sa propension à faire trop facilement confiance, ce qui incite les autres à le rouler.

Un moment, Isabelle avait pensé qu'il se moquait d'elle avec son conte du Petit Poucet égaré dans les bois par d'affreux aînés.

Mais quand elle y réfléchit, n'est-ce pas le schéma type de toute existence ?

Valable aussi pour elle ?

Et c'est avec une tendresse accrue qu'elle l'a écouté relater comment, armé de ses seules forces, il a triomphé de tous les dangers, tirant une riche expérience du moindre de ses échecs, pour se retrouver là où il est aujourd'hui, pas très avancé, certes, mais prêt à recommencer pour de bon.

Demain, bien sûr, pas aujourd'hui.

« Et toi ? »

Isabelle aussi lui fait son conte, consciente que c'en est un, mais comment le dire autrement ?

Elle lui parle de son mariage avec Alain-Louis, de la façon dont elle s'en est tirée, comme elle s'est tirée des quelques autres liaisons qui suivirent.

C'est cela son aventure, la longue marche d'une héroïne-femme vers l'autonomie, l'indépendance, tout le reste...

Ce qui fait qu'elle aussi peut s'avouer contente d'elle-même.

« C'est bien, lui dit gravement Pierre, toi non plus tu ne t'es pas laissé aliéner. »

Et, vidant le fond de la bouteille de cambermas, il ajoute :

« J'aime bien les femmes d'aujourd'hui parce

qu'elles sont en guerre contre les hommes et qu'elles ont raison. C'est même ce qu'il y a de plus honorable dans le monde actuel, cette révolte des femmes. D'ailleurs, je me sens plus lié aux femmes qu'aux hommes... »

Le pluriel — les femmes — ne plaît pas trop à Isabelle, mais elle apprécie quand même la chaleur avec laquelle il lui décerne ce bon point, et surtout son genou sous la table, bien calé contre le sien.

C'est vrai que leur bilan est positif puisqu'ils sont là, tous les deux, toujours vivants. Et ne viennent-ils pas une fois encore, chacun pour son compte, de séduire quelqu'un ?

Quand il la quitte devant la gare de Lyon où il a l'intention de prendre un train, sans lui préciser lequel — mais ils sont libres, deux personnes adultes et libres, n'est-il pas vrai ? il n'a donc pas à la tenir au courant de ses faits et gestes, elle non plus d'ailleurs —, Isabelle éprouve tout de même un sentiment de vide, et s'en veut.

« C'était bien cette promenade, lui dit-elle comme pour s'en convaincre elle-même.

— Avec moi, les journées sont toujours bonnes et les femmes toujours satisfaites ! »

Alors seulement Isabelle s'aperçoit qu'elle est seule, et fatiguée.

Comme à présent, après avoir quitté Alain-Louis.

Sur le chemin du retour, elle fait ce que font toutes les femmes désorientées au moment où elles n'arrivent plus à se rassembler : elle s'arrête d'abord dans un magasin de lingerie, où elle s'achète des collants, un soutien-gorge, puis au Prisunic où elle prend un nouveau foulard en coton tout à fait inutile, dont les couleurs ne lui conviennent pas et qu'elle a déjà, avant même d'être rentrée chez elle, décidé d'offrir (il lui est d'ailleurs arrivé, après certains achats totalement impulsifs, de jeter directement, au sortir du magasin, le paquet tout enveloppé dans la première poubelle publique), mais tous ces arrêts lui ont permis de se regarder dans des glaces, de s'assurer qu'elle a un visage, qu'elle existe bien, qu'elle est toujours Isabelle.

Parfois elle l'oublie : elle se sent se dissoudre, ne plus être qu'une pensée, un corps sans apparence.

Or, elle a besoin d'une apparence, et pas trop déplaisante.

Ne serait-ce que pour se croire aimée.

XIV

Dis
Quand reviendras-tu ?...

La voix déchirante de la chanteuse trace dans l'air son invisible sillon, comme un diamant sur une vitre.

Isabelle attend Pierre.

Il est trois heures de l'après-midi.

Elle imagine l'arrivée de l'homme.

Parfois, ils font tout de suite l'amour.

« L'amour l'après-midi, dit-il en portant dès l'entrée les mains sur elle, c'est ce que je préfère. »

Et il l'aide lentement à se mettre nue, puis se déshabille à son tour. Il sourit comme d'une farce, d'une bonne niche qu'ils vont faire au monde entier, derrière les rideaux tirés.

Isabelle n'apprécie pas cette allusion à ses habitudes — mais elle aime découvrir, grâce à lui, qu'on peut prendre le sexe à la légère.

Elle en était si incapable jusque-là, sombrant tout de suite dans une émotion, un plaisir excessifs.

« La « *pazion* », dit-il railleusement lorsqu'il s'aperçoit qu'elle a les larmes aux yeux après la jouissance, silencieusement allongée près de lui, flottante.

Il la serre contre son corps et s'endort pour quelques instants entre ses bras.

« Je suis ton territoire », murmure-t-elle à l'oreille de l'homme assoupi.

Il arrive aussi qu'ils partent tout de suite en promenade, se réservant de faire l'amour au retour, quand un début de lassitude physique, l'approche de la nuit et de la séparation rendent les caresses plus poignantes.

« As-tu des projets ? lui demande-t-il cette fois-là dès la porte.

— Rien de particulier, pourquoi ? »

Ne sait-il pas qu'elle l'attend ?

« J'ai des courses urgentes à faire dans Paris, des paquets à transporter. On peut se retrouver après, si tu préfères ?

— Mais non, je vais te conduire. »

Il y compte bien !

La surprise d'aller à la découverte rend le trajet à travers la circulation moins fastidieux que si elle connaissait d'avance leur but.

Ils feront l'amour au retour.

Ce qu'elle ne sait pas c'est qu'il l'emmène à la librairie d'Annick.

Il a des paquets à y prendre, des imprimés que la jeune libraire a bien voulu stocker pour lui et dont il a besoin pour des clients.

Comme les paquets sont relativement lourds, il apprécie de pouvoir les transporter en voiture.

La vérité, c'est aussi qu'il a envie de montrer Isabelle à Annick.

Quel mal y a-t-il à cela ? Il ne dira rien ni à l'une ni à l'autre.

Il est assez content qu'Annick le voie avec une femme comme Isabelle. Non que l'avis d'Annick lui importe beaucoup : ce qui compte, c'est que cela le pose à ses propres yeux de pouvoir se retrouver entre ces deux femmes, en toute liberté.

Et puis Annick est assez jolie, fraîche, bien qu'un peu lourde, et sait se montrer aimable avec lui, sans trop, devant les autres.

Après tout, Isabelle ne l'a encore jamais vu avec une autre femme, elle s'imagine peut-être qu'il ne plaît pas, qu'il n'a qu'elle à se mettre sous la dent et fabule quand il parle de ses succès...

L'accueil d'Annick est d'une simplicité qui dénote la familiarité. Lui-même n'hésite d'ailleurs pas à montrer que les lieux ne lui sont pas inconnus et il va droit à la pièce du fond où il se saisit d'un des colis. Il y en a trois et c'est sous prétexte de l'aider à les transporter qu'il a demandé à Isabelle de l'accompagner jusque dans la librairie.

Isabelle ne pense d'abord rien mais enregistre tout, avec cette acuité que donne le sentiment encore indéfini du danger.

La façon dont son amant échange trois mots avec cette femme, sans la moindre formalité préalable, sans même lui dire bonjour (il lui dit rarement bonjour à elle, Isabelle, mais justement !) et dont il fraie son chemin à travers cet espace où manifestement il a ses pistes.

Il est en terrain de connaissance, mais jusqu'à quel point ?

Annick dévisage Isabelle dont la tournure élégante, le comportement retenu lui plaisent, ainsi que l'homme l'a prévu.

Isabelle aussi regarde cette jeune femme brune sur laquelle elle n'aurait pas deux fois jeté les yeux si elle était venue en cliente acheter un livre ou un magazine, dont elle se serait seulement dit : « Pour une fois qu'une libraire est accueillante et a l'air d'aimer son métier ! »

Et elle ne trouve rien à dire. Mais rien.

Pierre revient du fond de la boutique avec son premier paquet, mimant plus que nécessaire l'effort à fournir pour le transporter, et il critique l'encombrement inutile de certains emballages.

« On voit bien que ça n'est pas eux qui vont se les coltiner ! Encore du bluff pour arnaquer le client ! »

Que la situation soit tendue ne lui échappe pas, mais ça n'est pas pour lui déplaire : il a envie d'un peu de cinéma, il en a !

Toutefois, il ne désire pas que les choses aillent trop loin et il cherche à détourner l'attention d'Isabelle sur l'une ou l'autre des curiosités qu'offre la boutique.

« Tu as vu ces agendas illustrés, des merveilles ! »

Isabelle, qui se précipite d'habitude sur tout ce que veut lui faire admirer son amant, heureuse de communier avec lui dans un même regard, demeure immobile, les mains moites.

Puis, sans faire un pas vers les agendas, elle se dirige vers la porte qu'elle maintient ostensiblement ouverte.

Décidément, pense Pierre, les femmes font facilement des histoires, ce qui se révèle bien gênant dans le travail. Pour atténuer le malaise, il se multiplie en remerciements vis-à-vis d'Annick, qui sourit et elle non plus ne dit rien.

Quand il repasse avec son deuxième colis, Isabelle toujours en planton devant la porte, il croit bon de glisser au passage quelques mots à l'oreille de la libraire.

Isabelle n'entend pas les mots mais voit la bouche de l'homme près des cheveux et le regard attentif de la jeune femme sur le visage masculin tout contre le sien.

Un voile noir lui tombe dessus.

Quand Pierre remonte avec elle en voiture, elle est incapable de se formuler ce qui vient de se passer, mais ça doit être grave puisqu'elle tremble.

A ses côtés, Pierre bavarde comme si de rien n'était. D'ailleurs, de son point de vue, du moment que les apparences sont sauves, tout va.

« Je ne sais plus trop depuis quand je la connais, mais c'est une fille bien. Elle avait épousé un type pas possible qui la faisait trimer comme une malheureuse — un véritable esclavagiste, il y a vraiment des hommes incroyables ! La boutique était à son nom à lui et c'était elle qui faisait tout le boulot ! Finalement, elle a eu le courage de divorcer. Je dois dire que lorsqu'elle m'en a parlé, je l'ai vivement encouragée. Elle a obtenu de garder la librairie et les enfants, et elle s'est mise toute seule à son compte, travaillant nuit et jour pour s'en tirer. Maintenant ça commence à mieux marcher. Je pense qu'elle va y arriver. Une combative, tu vois, comme toi, une fille bien. »

Isabelle se tait toujours, mais conduit avec une telle brusquerie que Pierre commence à s'inquiéter.

Que lui sortira-t-elle dès qu'elle va rompre son silence ?

Alors, dans l'espoir — s'il peut gagner du temps — de voir les choses se dénouer seules et sans dommage, il parle, et parle, et parle.

« Tout le monde rêve d'être marchand de livres et de journaux ! Mais les gens n'ont pas idée des problèmes que cela pose ! C'est si difficile aujourd'hui avec ces offices qu'on est bien obligé d'accepter si on veut les best-sellers. Je ne sais pas si tu sais, mais les éditeurs vous forcent à prendre chaque mois toute leur saloperie en plus des quelques livres qui se vendent bien, de vrais marchands de « *tapier* »... Les détaillants passent des nuits entières à s'occuper de paperasseries, paquetages, comptabilité. Ça n'est pas une vie facile pour une femme seule !

— Pas si seule que ça ! »

C'est son premier mot depuis la rue de Langeac.

« Comment ça, pas si seule ? dit Pierre moins blessé par la phrase que par l'agressivité du ton.

— Quand on a une boutique sur le trottoir, ça m'étonnerait qu'on soit seule longtemps ! »

Elle s'en veut de sa violence, car au fond d'elle-même elle est d'accord avec Pierre pour apprécier le courage d'Annick. Lorsque leurs regards se sont croisés, elle a d'ailleurs éprouvé, bien malgré elle, une brusque sympathie pour cette grande fille à l'allure déterminée, au visage populaire et à la peau étrangement fine aux tempes et au cou.

Emotion qui achève de donner de l'intensité à ce qui commence à prendre en elle la forme encore vague d'une douleur.

Ce début de cataclysme, elle désirerait sincèrement l'anéantir, l'étouffer dans l'œuf — si seulement elle le pouvait.

Il fait beau, les arbres, à peine touchés par l'automne, commencent à prendre les couleurs rouge et or de l'été indien. Elle roule dans Paris avec un homme qui lui plaît, ils seront libres, une fois les paquets livrés, d'aller là où ils veulent, faire ce qu'ils veulent, l'amour peut-être, et voilà qu'elle se sent de seconde en seconde plus incapable de jouir de sa chance, de son plaisir et de son amour.

Quelque chose a commencé de surgir du plus noir d'elle-même.

« Tu la connais depuis quand ?

— Qui ? demande-t-il avec une fausse innocence.

— Ta boutiquière ? »

Elle le sait parfaitement qu'elle s'appelle

Annick, mais prononcer le nom de quelqu'un, c'est déjà lui donner vie, admettre son existence.

Désormais toutes les « Annick » du monde sont vouées au silence et aux gémonies.

« Je t'ai déjà dit que je ne m'en souvenais pas ! Des copines je m'en fais partout, tout le temps... »

Il peut encore nier l'évidence et trouver moyen de lui dire qu'il n'y a pas d'autre femme qu'elle, ne plus jamais reparler d'Annick et même, au besoin, ne plus la revoir. Pour ce qu'elle compte.

Mais ça l'agace de se sentir « fliqué ». Il est libre, quoi ! De voir qui il veut, et même de coucher avec !

« Maintenant que tu m'y fais penser, attends, ça me revient... »

Il évoque des souvenirs ma foi pas désagréables d'une sorte de « stage » qu'il a fait dans le Bordelais, un peu dans le style du séminaire des Charentes — c'est qu'il a le goût des recyclages ! Et de la formation !

« Et tu continues de coucher avec elle ?

— Je ne comprends pas comment tu oses poser des questions d'une telle indiscrétion. Même si c'était le cas, je ne me permettrais pas d'en parler. J'ai du respect, moi, pour les gens ! »

Il a fait semblant de s'indigner, monter sur ses grands chevaux, mais en fait il s'inquiète : avec Isabelle, les choses prennent si vite une tournure dévastatrice !

Il ne connaît aucune femme aussi jalouse, la plupart des autres ne le sont pas du tout, l'acceptent comme il est, sans se soucier de ses éventuelles coucheries — d'ailleurs l'oubliant jusqu'à la prochaine, comme il s'empresse de le faire lui-même.

Est-ce la pilule ? Aujourd'hui les filles sont rarement accrochées pour de bon.

Ce qui ne les empêche pas de faire parfois des scènes démentes, mais il a rarement le sentiment d'en être l'objet — seulement l'occasion, le détonateur.

Il lui est même pénible de sentir parfois à quel point il n'est pour rien dans ce qui arrive aux femmes avec lesquelles il couche. Tandis qu'avec Isabelle...

« Réponds-moi », crie-t-elle.

Elle a stoppé à un feu rouge et se tourne à demi vers lui pour le dévisager. Le regard aigu, presque méchant, elle scrute chaque trait de ce visage comme s'il était celui d'un inconnu.

Elle n'avait encore jamais remarqué à quel point le nez est flou, le menton faible, les joues sans caractère. Pierre possède un visage inachevé, comme un buste d'argile que le sculpteur aurait laissé en plan.

Ce qui explique, probablement, pourquoi il se montre si fuyant, si lâche. Fragile. Inconstant.

Elle cherche, en fait, des raisons de le détester, le moyen de se délivrer de lui...

« Je ne vois pas pourquoi je trahirais la confiance de cette femme. Ça te ferait plaisir que je raconte à tout le monde que je couche avec toi ? »

Il a pris le ton de l'honnête homme choqué par une demande déplacée et qui cherche à faire entendre la voix du bon sens et de la modération.

Et quand Isabelle se rend compte qu'une fois de plus il se débrouille pour que ce soit elle, qu'il vient d'offenser, qui se retrouve en tort, elle a soudain envie de jeter la voiture contre un arbre.

L'homme le perçoit-il ? Soudain il a peur. On ne sait jamais de quoi est capable une femme en furie — c'est vrai aussi qu'il se sent un peu coupable, relevant donc d'un châtiment — et il se dit que le moment est venu de la rassurer, du moins tant qu'elle conduit.

« Pourquoi te fais-tu du mal inutilement ? Tu sais bien que tu n'as rien à craindre. Tout pourrait être si simple, si tu voulais ! »

Il vient de faire son maximum. Elle le sait. Mais il est trop tard.

Subitement, elle stoppe la voiture sans la garer et se précipite vers un café qu'elle vient d'apercevoir sur le trottoir d'en face.

En traversant, elle entend derrière elle la voix de Pierre qui lui crie :

« Mais tu es folle, tu vas attraper une contravention ! »

Au comptoir, elle commande un cognac que le garçon lui sert sans la regarder et qu'elle boit d'un trait.

Pierre l'a rejointe après avoir déplacé la voiture contre le trottoir, et en lui tendant les clefs il tente de plaisanter à propos des personnes de sa connaissance qui se soûlent en plein après-midi.

Ses paroles glissent totalement sur la femme déchirée.

Elle commande un second cognac qu'elle boit plus vite encore que le premier, puis elle paie et, sans se soucier de son compagnon, se dirige vers la voiture.

Démarre.

Pierre reprend son siège au vol et, toujours pour tenter de faire entendre la voix de la raison, déclare d'un ton soucieux :

« C'est que j'ai des livraisons à faire, moi, c'est urgent !

— Où ? » lui jette-t-elle brièvement.

Il donne l'adresse.

L'alcool la réchauffe un peu mais ne monte pas jusqu'à son cerveau. Lorsqu'elle est dans ces états de crise, elle peut boire beaucoup, elle l'a déjà remarqué, sans en ressentir d'effet. Ce qui risque de lui arriver, si elle insiste trop, ce serait de tomber raide morte.

Il en est de même avec les tranquillisants. Sa douleur est toujours plus forte que les tranquillisants.

Ils roulent un moment en silence dans la direction indiquée par Pierre. Lequel finit quand même par s'énerver.

« Ça n'est pas drôle, la vie avec toi ! »

C'est exact, ça n'est pas drôle, la vie avec elle.

Les larmes se mettent brusquement à couler sur son visage.

Elle pleure d'impuissance.

Ce qu'il ressent lorsqu'il fait l'amour avec elle, elle est maintenant convaincue qu'il peut l'éprouver avec autant de plaisir et d'intensité avec cette fille, dans son arrière-boutique...

Ou avec une autre.

Elle peut les imaginer, ces deux-là, le soir, après qu'Annick — ou quel que soit son nom — a clos sa porte, tiré la grille devant sa vitrine, dans le petit recoin qu'elle a entr'aperçu lorsqu'il est allé chercher ses paquets et où, elle en jurerait, il y a sûrement un divan.

La femme se déshabille avec des gestes lents de femme un peu trop grande. Elle a peut-être de jolis seins — Isabelle a cru en discerner les contours sous le chandail, toutes ces filles dans le commerce portent des chandails qui les moulent — et l'homme entre en elle tout de suite, comme font toujours les hommes avec les femmes qu'ils n'aiment pas. Mais qu'ils veulent.

Alors la fille renverse la tête en arrière, sans achever de se déshabiller complètement, les yeux clos...

La douleur est si violente qu'Isabelle stoppe la voiture au beau milieu de la chaussée, les deux mains toujours sur le volant, se frappe le front à grands coups contre la bakélite, crie, et ses cris deviennent des hurlements.

Pierre la regarde un instant sans rien dire, n'osant prononcer les mots qu'il a sur les lèvres : « Attention, on est au milieu du carrefour, c'est dangereux, il ne faut pas rester là... »

Embêté.

Il veut tout de même faire quelque chose, ne serait-ce qu'à cause des voitures qui commencent à klaxonner autour d'eux. Mais quand il approche sa main des deux mains de la femme, toujours agrippées au volant, pour lui indiquer du geste qu'elle doit déplacer son véhicule, elle tourne brusquement la tête et lui mord férocement le poignet.

Puis, dans un élan de tout son corps, elle se jette sur lui et lui martèle la tête, les bras, les épaules, de ses deux poings fermés.

« Mon petit », lui dit-il.

Il a envie de la tuer.

Dès qu'il a eu remis ses paquets, échangé les quelques propos commerciaux destinés à assurer le cours de ses relations professionnelles, Pierre revient vers Isabelle qu'il a laissée dans la voiture et la retrouve prostrée.

Ce qui commence à l'énerver pour de bon.

Les femmes exigeantes et qui en ont après sa liberté, il n'en a rien à foutre.

Quoique au fond de lui-même, quelque chose ait relevé la tête. Ce qui achève de l'irriter. Il n'aime pas ce tressaillement dans ce coin-là. Cela lui est arrivé autrefois et il ne veut plus que ça recommence. Plus jamais la passion, l'amour. Sa survie d'abord, et sa survie, c'est qu'on lui fiche la paix.

Alors il se met à parler entre ses dents, puis de plus en plus haut au fur et à mesure qu'Isabelle, qui a redémarré dès qu'il a repris place dans la voiture, roule de plus en plus vite sur le chemin du retour.

« Bien sûr que j'en ai eu, des femmes, avant toi, que crois-tu ? Je vais avoir quarante ans, moi... Et je les revois de temps en temps, c'est normal. (Elle remarque qu'il ne précise pas si Annick fait partie du lot.) J'aime nouer des liens, j'en ai besoin. Je me suis déjà retrouvé complètement seul, avec ce mariage qui a mal marché, une femme qui n'était jamais là, qui draguait de son côté, et je sais que je ne le supporte pas. J'ai besoin d'avoir toujours quelqu'un sous la main, c'est pour ça qu'il me faut plusieurs femmes. Tu vois, je suis sincère, je te dis la vérité. Je connais des femmes très bien, tu sais, il n'y a pas que toi... Elles aussi ont des problèmes, et je m'intéresse à leurs problèmes. Et elles aux miens. On se remonte mutuellement le moral. Il y en a même à qui j'ai parlé de toi. Elles savent la merde dans laquelle je suis à cause de toi et elles m'aident à résister. Pourquoi est-ce que je les lâcherais ? Pour te faire plaisir ? »

Au fond, peu importe ce qu'il dit, du moment qu'il parle.

Rien que le ton de sa voix fait du bien à Isabelle.

Pourtant, l'idée qu'il va coucher avec des « anciennes » pour leur parler d'elle lui est intolérable.

« On n'a pas besoin de coucher avec tout le monde ! »

Elle l'a blessé.

« Je ne couche pas avec tout le monde ! Mais quand je rencontre une femme qui m'intéresse et qu'on se met à parler, forcément je m'en rapproche, et forcément, à un moment ou à un autre, il se passe des choses entre elle et moi. C'est la seule manière de faire vraiment connaissance ! D'ailleurs, il n'y a qu'avec les femmes que je baise rarement que je peux vraiment aller loin. Après, on est obligé de faire attention, de ménager.

— Parce que tu me ménages ? »

Elle proteste, mais elle le comprend. A sa place elle en ferait autant.

L'angoisse délicieuse et tremblante de l'instant où pour la première fois, une femme s'abandonne, s'ouvre, offre sa jouissance...

C'est là où tout achoppe, en ce qui la concerne : elle est une femme et quand on est une femme on ne peut se « donner » indéfiniment au même homme.

A un moment c'est fait.

Il vous aime bien, il a besoin de vous, il est lié, attaché, mais il n'y a plus de mystère.

Le mystère est passé ailleurs.

C'est ce qu'elle n'accepte pas.

Même si c'est inexorable.

Qu'il puisse, lui, prendre plaisir encore et encore avec encore et encore d'autres femmes.

Par-dessus son corps à elle.

L'enterrant chaque fois un peu plus sous les corps multipliés de toutes les autres. Dans un interminable dragage. Comme chez les homosexuels en chasse.

« Tous des chiens », se dit-elle avec hargne.

En même temps, elle l'envie de pouvoir être un chien. A elle, ça lui est impossible. C'est ainsi. Il n'y a rien à faire.

Même le féminisme, avec tout son prêche-prêcha, n'y peut rien. Même Simone de Beauvoir, lorsqu'elle s'obstine à nier la différence entre les hommes et les femmes, n'y peut rien. Ça se voit qu'elle a plus souffert que Sartre d'être trompée par lui que lui par elle. Même si elle s'est rattrapée sur le tard, en étant plus active que lui, meilleure petite « vieille », une fois la sexualité éteinte. Vraie fatalité cette affaire ! Fatalitas !

Isabelle a ramené la voiture devant chez elle et trouve tout de suite à se garer.

Elle pense qu'elle n'a pas envie qu'il monte. Il pense aussi qu'il n'a pas envie de monter.

Il trouve toutes les femmes détestables et se déteste lui-même.

Ils restent côte à côte, moteur arrêté, attendant que l'autre bouge. Ou parle. C'est-à-dire se rende « coupable ». Chacun trouve la culpabilité de l'autre plus facile à supporter que la sienne propre.

Si Isabelle disait : « Tu montes », il dirait sans doute : « Je viens. » Il le sait.

Si Pierre disait : « Je monte », elle dirait : « Viens. »

Mais ils se taisent.

Pierre se dit qu'il va téléphoner à quelqu'un de tout jeune, la petite Luce qu'il n'a pas vue depuis longtemps et qui non seulement n'a pas l'air de souffrir à l'idée qu'il puisse aller forniquer ailleurs, mais lui demande au contraire, avec des rires, de lui donner des détails.

On n'imagine pas à quel point les gens font souvent l'amour en douce, profitant d'une occasion ou d'une autre, ni comment ils le font.

C'est de ça qu'il voudrait parler à Isabelle, qui est plus intelligente que Luce, et même qu'Annick, plus intelligente que toutes les autres femmes qu'il connaît.

Si seulement elle n'était pas si incroyablement vulnérable...

Il a mis la main sur la poignée de la portière. Aussitôt Isabelle retire les clefs de contact, les glisse dans son sac et pose également la main sur la poignée de la portière, de son côté. Puis il la regarde.

L'homme bouge le premier et se penche pour embrasser les lèvres de la femme, qu'elle a glacées.

« Ce que tu sens l'alcool, lui dit-il, un vrai poivrot ! »

Il veut être drôle, n'osant pas être tendre.

Mais Isabelle ne le trouve pas drôle, ni tendre.

XV

AUSSITÔT chez elle, la femme s'aperçoit qu'elle ne peut pas y rester, et elle téléphone à Bernard.

Il est occupé à travailler et lui demande d'attendre dix heures, à ce moment-là, il s'arrêtera d'écrire et sera enchanté de la voir.

« On ira souper, j'ai envie d'un joli cadre, d'une table bien servie, de viandes légères... »

Isabelle lui dit qu'elle ira le prendre avec sa voiture. La dernière fois qu'ils se sont vus, il l'avait déjà emmenée dîner dans un restaurant de qualité, ensuite elle avait refusé de monter chez lui. Ce soir, elle se sent dans des dispositions différentes.

Elle a besoin d'un homme.

Et, dans l'instant, elle n'en voit pas d'autre.

Elle passe une tenue un peu habillée. Se fait belle, comme le lui recommande sa meilleure amie lorsqu'elle l'invite à une soirée où il y aura des « occasions » : « Fais-toi belle ! »

Sa mère aussi le lui disait lorsqu'elle sortait.

Devant la glace, des images s'interposent. Celles du grand corps un peu mou d'Annick, mais aussi de toutes les filles qu'elle a pu apercevoir avec Pierre et sur lesquelles, sans souci de sa présence, il a jeté un regard appréciateur : vendeuses, serveuses, préposées aux postes...

Parfois il leur a même parlé, sur ce ton d'intimité immédiate qu'il utilise avec toutes les femmes.

En quoi est-il condamnable ? S'il sait se faire admettre d'emblée par les femmes, qu'il en profite !

C'est elle qui est jalouse, jalouse de ne pas savoir en faire autant avec les hommes. Mais est-ce possible ? Est-ce que cela peut fonctionner de la même façon dans l'autre sens ?

Au fond elle aurait aimé être un homme, elle aussi, et l'accompagner dans ses virées, en camarade. Là, et là seulement, elle aurait été à l'abri de la douleur.

Les deux mains sur le rebord du lavabo, plongeant son regard dans le reflet de ses propres yeux, elle imagine une vie de bohème comme en vivaient au début du siècle ceux qu'on appelait gentiment les « artistes », ces aimables jeunes gens hantés à la fois par la révolution des idées et des formes, le goût gracieux des amours de passage, et parfois la syphilis qui donne du tragique à l'odeur des lilas.

Puis elle s'étend sur son lit où elle reste immobile, incapable de se déplacer pour prendre un livre. Il lui semble qu'elle souffre moins en ne bougeant pas.

« Quand j'en aurai assez de tout ce cirque, lui a récemment dit Pierre en caressant ses hanches nues, je me marierai avec une petite toute dodue de vingt ou vingt-cinq ans qui me fera des gosses.

— Mais tu en as déjà !

— Je n'ai pas le temps de m'en occuper pour l'instant, j'ai ma vie à faire, c'est quand j'aurai cinquante ans que je serai un bon père...

— Je te vois d'ici, vissé au foyer, rangé, en train de torcher ! Je n'aimerais pas être à ta place ! »

N'empêche qu'elle a mal encaissé. Et elle ? Que deviendra-t-elle à cet âge-là si elle n'a pas d'enfants ? Ça n'est pas à cinquante ans qu'elle va, comme lui, pouvoir s'y mettre. Là aussi il n'y a rien à faire. Une injustice biologique. « Barricade » contre laquelle elle se jette à mains nues.

Quand elle veut se relever — il est l'heure d'aller chercher Bernard — l'effort est énorme.

L'écrivain lui ouvre la porte avec le sourire satisfait qu'il arbore lorsqu'il est content de lui-même et de son travail.

Aussitôt Isabelle s'aperçoit qu'ils sont en désaccord. Elle souhaiterait qu'il la prenne tout de suite dans ses bras et la baise sans proférer un mot, là, sur le tapis de l'entrée. Or, il va falloir parler.

Au fond, après la scène de l'après-midi, elle est venue chez lui comme au bordel, pour passer ses nerfs dans la violence de l'acte amoureux.

Reste qu'un homme n'est pas une prostituée, elle doit travailler à l'amener à ses fins, comme un étudiant rongé par le sexe et qui cherche, le pauvre, à entraîner au lit une voisine de chambre réticente, laquelle exige d'abord le cinéma et le restaurant.

Peut-être qu'en lui faisant des propositions directes ?

Elle s'approche et met les mains sur les épaules de l'homme, puis sur la pointe de ses hanches, là où il suffit de tirer sur la chemise pour tout de suite entrer en contact avec la peau.

Mais Bernard ne s'aperçoit pas de son manège, ou plutôt ne veut pas le comprendre. Il lui tapote doucement le bras tout en continuant de lui expliquer ce que c'est qu'écrire jour après jour sans savoir où l'on va.

« C'est en écrivant qu'on s'apprend à soi-même à faire un livre, la technique du livre. Quant à ce qu'on va y mettre, c'est la vie qui vous l'apprend. »

On dirait un petit garçon tout heureux d'avoir trouvé le moyen de mieux réussir ses pâtés de sable !

Isabelle songe brusquement à la phrase célèbre d'Edgar Degas : « Il faut décourager les artistes ! »

Elle a envie de décourager Bernard, lui casser ses petits pâtés et l'obliger à vivre. Mais qu'est-ce que vivre ?

Il échappe à ses mains et elle n'insiste pas. Sans l'appui du désir de l'homme, son propre désir n'arrive pas à se soutenir. Comment fait Pierre pour être aussi perpétuellement disponible ? Et convaincant ? A moins que les femmes aient plus envie, dans l'ensemble, de faire l'amour que les hommes ?

En fait, Isabelle n'a pas vraiment envie de faire l'amour. Elle a envie de tromper Pierre. De l'avoir trompé. De pouvoir rentrer chez elle en se disant : un autre corps est passé sur le mien, s'est interposé entre le sien et le mien.

Elle porte jusqu'à ses lèvres le verre de vodka que Bernard vient de lui servir sur sa demande et le boit d'un trait.

Bernard est-il conscient de ces pensées fort peu érotiques qui se bousculent dans sa tête ?

Il faut qu'elle veille à se montrer plus abandonnée, plus « femme », si elle veut séduire.

Dans le petit restaurant de Clichy où il l'a conduite et dont il aime le décor désuet, les heures tardives et le service feutré, la femme se laisse aller à quelques gestes souples, ouvre un peu la bouche, clôt à demi les paupières.

Puis elle porte lentement et ostensiblement à ses narines son verre de bordeaux vieux.

Ce vin sensible, « humain », appartient à un monde de saveurs et de bonheurs doux et policés dont elle se sent pour l'instant exclue.

Bernard est pour elle d'un épicurisme trop étroit. Avec Pierre, elle a pris le goût de nourritures plus populaires, ce qui lui rend le reste fade et même horripilant.

Requinqué, nourri, Bernard s'interroge sur l'impression que lui fait ce soir Isabelle.

Il la trouve tendue, angoissée — ce qui n'est pas pour lui déplaire —, mais aussi légèrement méprisante.

Avec qui fait-elle donc l'amour, ces temps-ci, pour le traiter de si haut, le rejetant un jour pour réapparaître ensuite, l'air affamé, le visage à la fois avide et fermé ?

D'ailleurs, écoute-t-elle vraiment ce qu'il dit ?

« Il m'est arrivé quelque chose.

— Ah ! oui, quoi donc ? » demande Isabelle, envisageant quelque problème d'éditeur ou un nouvel objet, un peu trop cher, qu'il aurait vu chez un antiquaire.

Au fond, elle l'estime peu.

« Je suis amoureux. »

Un instant, elle croit qu'il va lui faire à nouveau une déclaration, puis tombe de haut :

« Une fille rousse que j'ai rencontrée il y a quelque temps, une attachée de presse. »

Pour mieux souligner son effet, Bernard pose un

coude sur la table, son menton dans sa main et plante son regard bleu et brillant dans celui d'Isabelle.

« Mais je crois qu'elle ne m'aime pas ! »

« Plumassier », a-t-elle envie de lancer. En même temps, un trou se creuse dans sa poitrine, invraisemblable.

Elle tâtonne à la recherche de son verre de vin, le vide et en redemande aussitôt.

Et c'est fini. Elle n'a même pas envie de finasser pour tenter de savoir s'il ne joue pas à la taquiner afin de rendre plus épicé le moment où ils vont se retrouver tout à l'heure dans un lit, maintenant qu'il a mangé et que le désir lui en vient peut-être à lui aussi...

Sans plus les voir, elle fixe la nappe blanche, les candélabres, leurs longues bougies allumées, les serveurs en pantalon noir.

Elle regarde aussi Bernard, le trouve appétissant, « comestible », comme disent les femmes libérées, et n'en veut plus.

Elle n'a plus envie de rien.

Elle sent qu'elle ne fait plus le poids dans cette empoignade où chacun court après plusieurs chacunes et ne se sert de l'une que pour s'attirer les faveurs de l'autre...

Pierre parle-t-il d'elle aux autres femmes, lui aussi, pour se rendre plus séduisant et plus mystérieux, comme Bernard lui parle de cette rousse ? Probablement.

C'est une sale partie. Truquée.

Elle voudrait en sortir. Par n'importe quel moyen. Se jeter dans la rue, sous une voiture. Par la fenêtre. Elle imagine les airs endeuillés de Pierre devant son parterre d'amoureuses. Il n'en baisera que mieux. Pour se consoler, dira-t-il.

Alors elle demande à rentrer, prétextant une

fatigue subite. C'est sa faute, elle a trop bu de ce vin.

Bernard se montre attentif, fait appeler un taxi, s'y assied près d'elle, remonte les vitres, l'accompagne jusqu'à sa porte. Brusquement, il lui fait penser à ces professionnels étrangers qu'elle rencontre dans les foires ou congrès où il lui arrive d'aller, en Italie ou en Allemagne, et qui se conduisent avec la même courtoisie impersonnelle, à peine teintée de machisme.

Si elle veut coucher, on couchera — sinon bonsoir. Jouant un rôle. Ou plutôt appliquant les règles d'un jeu.

Isabelle veut sortir des rôles. Et du jeu.

Tout casser.

Tout pleurer d'abord. Puis tout casser.

XVI

UNE fois chez elle, la femme se dirige droit vers le téléphone, saisit le récepteur et dans la semi-obscurité — elle n'a pas allumé — cherche à composer ce numéro que ses doigts connaissent par cœur et tandis que les premières sonneries retentissent, elle se dit qu'elle peut encore raccrocher, qu'il est encore temps de raccrocher.

« Allô, dit une voix endormie.

— C'est moi, dit-elle.

— Bonsoir, comment vas-tu ? »

Elle est émue qu'il la reconnaisse sur deux syllabes. Il l'aime.

Mais il lui vient à l'idée qu'il n'est peut-être pas seul et que tout en lui parlant il est couché nu contre une autre, n'importe laquelle, Annick peut-être ou une rousse lui aussi. C'est pour ça qu'il se montre si aimable, par duplicité. Et sa colère la reprend.

« Je t'appelle pour te dire que je ne veux plus te voir.

— Ah ! »

L'homme tente de rassembler ses esprits pour comprendre ce qui rend la chose si urgente qu'elle éprouve le besoin de la lui communiquer en pleine nuit.

« Qu'est-ce qui te prend ?

— J'en ai assez de toutes ces filles, j'en ai assez que tu me trompes, je ne peux plus le supporter, c'est fini.

— Qu'est-ce que tu as ? »

Il est seul, ce soir, et il sent qu'après un tel échange avec cette furie, il se rendormira difficilement.

Ne peut-elle attendre le lendemain ?

Le téléphone est une plaie, mais une femme plus le téléphone, c'est un cataclysme, tous les fléaux d'Egypte...

Il s'excite pour mieux la haïr. Les haïr.

Qu'ont-elles toutes à creuser elles-mêmes leurs tombes ?

« Je veux que tu le saches tout de suite, parce que je ne veux plus que tu m'appelles. Je veux guérir.

— Très bien, guéris. Tu me rappelleras quand tu iras mieux.

— Je ne te rappellerai pas.

— Eh bien, tu ne me rappelleras pas ! Que veux-tu que j'y fasse, moi !

— Rien. Adieu. »

La femme raccroche très vite pour garder l'initiative de la rupture.

Aussitôt, elle regrette d'avoir raccroché car dès que c'est fait, c'est le vide. Abominable. Grimaçant. Solennel. Le vide de la réalité.

Elle aurait mieux fait de continuer à parler avec lui, se faire insulter, l'insultant, une heure, deux heures, toute la nuit si possible jusqu'à l'aube.

Elle a envie de le rappeler.

Et s'il y a en effet une autre femme ?

Que pensera cette autre femme ?

Elle l'entend d'ici ricaner : « Elle n'est pas drôle, ta maîtresse ! Tu ne peux pas lui dire qu'on dort ? A moins que tu ne préfères que je m'en aille et vous laisse à votre scène de ménage ! »

Sûre de sa force, la nana, puisque c'est elle qui est là, avec lui, et seulement pour le plaisir...

N'être là que pour le plaisir, la seule bonne place !

Comment a-t-elle pu s'en laisser débusquer ?

Elle n'est qu'une imbécile. Elle l'a toujours été. Avec Bernard. Avec Alain-Louis. Elle aurait dû rester mariée. Mariée, on est toujours la plus forte, même si on vous trompe. Trompée pour trompée, autant rester mariée...

Elle sanglote comme un être qu'on égorge, qu'on étrangle, qui s'étrangle lui-même. Qui se hait. Veut sa propre mort. Qui ne sait comment se la donner. N'ose pas. N'a pas la force de se la donner. Qui a épuisé sa force. Veut régresser. Retourner au début, au moment d'avant, à l'époque d'avant, à l'enfance. Quand on ne vous demande que de manger et de pousser. De pousser et de manger. D'être là. Même pas de dire merci. Ce sont les autres qui vous remercient d'être là.

« Maman, dit-elle, maman. »

Elle se voit faire et elle est sidérée de se voir faire, car elle ne peut plus rien pour elle-même.

Elle voudrait être sa propre mère, se consoler, se dire : « Isabelle, allons voyons, tu exagères, une belle grande fille comme toi, ça va s'arranger. »

Mais elle n'est pas sa propre mère. Sa propre mère est morte. Son père est remarié. Ses sœurs vivent en bonnes épouses, ceintes d'enfants.

Elle est seule, comme une idiote, comme un chien, une chienne, parce qu'elle a voulu suivre l'odeur du plaisir, indéfiniment, l'odeur des promenades à deux à travers blés, à travers champs, comme si la vie était un grand tableau de Monet ou de Renoir, un après-midi à la campagne, comme s'il suffisait d'être douce et amoureuse, d'aimer les bêtes et les oiseaux, et les fleurs, de porter des robes blanches, d'aimer, de savoir aimer, de rire, de savoir rire, pour se maintenir perpétuellement au lieu du bonheur et de la joie...

Comme si la joie était due à ceux qui l'aiment, seulement du fait qu'ils l'aiment. Comme si les femmes, du seul fait qu'elles sont femmes, avaient droit à la joie.

La femme se déplace dans l'appartement, grotesquement pliée en deux, palpant les murs de la main comme si elle était devenue aveugle, brusquement, ou infirme.

Elle se dirige vers la salle de bain pour boire, toucher l'eau, se jeter de l'eau sur la figure — tâter quelque chose qui coule, qui passe, l'eau.

Elle se dit qu'elle est contente, dans ces moments-là, de ne pas avoir de chat. Les animaux sont terrorisés et traumatisés lorsqu'ils voient leurs humains, les humains en qui ils ont confiance, tomber dans de tels états de maladie.

Parce que c'est une maladie, rien d'autre.

Toujours pliée en deux, comme si elle allait vomir, mais elle ne vomit pas, elle s'approche de l'armoire à pharmacie et prend un flacon, plusieurs flacons qu'elle connaît, et elle suppute ce qu'il faut qu'elle avale non pour se tuer, mais juste pour dormir, dormir tout de suite, dormir longtemps, rouler dans le sommeil comme si on l'avait assommée.

En attendant que l'effet des cachets se produise et qu'elle commence à s'engourdir, elle s'assoit sur le carrelage froid, adossée à la baignoire, cette baignoire ancienne aux pieds en forme de griffes de lion, et elle repense à un livre qu'elle a lu, dans lequel un chien, se sentant mourir, va se coincer sous la baignoire où sa maîtresse retrouve le lendemain son cadavre déjà raide.

Elle se dit que c'est ce qu'elle aimerait, se coincer sous la baignoire, ramper sous la baignoire.

Elle essaie.

Mais l'espace est trop étroit pour elle, elle n'y parvient pas. Elle ne peut introduire qu'un bras et une épaule, pas la tête.

Elle se dit qu'elle est comme quelqu'un qui ne parvient pas à naître, parce que la tête ne passe pas.

Elle se demande où est la différence entre naître et mourir, mourir et naître.

Et elle ne la trouve pas.

Elle a mal.

Au moment où sa conscience commence à s'éveiller, où elle redevient Isabelle, réintègre son corps, en cette minute précise de son existence, de sa propre durée, elle se remet à souffrir et pendant quelques instants encore, elle ne sait pas pourquoi.

Elle sait seulement qu'il y a quelque chose d'affreux dans sa vie, dans cette nouvelle journée qui commence, même si le sommeil, bien qu'envahi de cauchemars, le lui a fait oublier, et elle sait qu'elle va retrouver son malheur d'une seconde à l'autre, qu'il est déjà là, en elle, si les mots pour le formuler ne le sont pas.

D'un coup, elle se redresse, crie « Pierre », et en hurlant se cogne furieusement et à plusieurs reprises la nuque contre le bois du lit.

Puis elle s'arrête, ferme les yeux.

« Je suis folle, je suis folle... »

C'est presque une parole de tendresse, un bercement.

Dehors l'activité a repris, il va falloir qu'elle s'y mêle. Elle a des rendez-vous, des obligations. Elle trouve l'idée atroce.

Il lui semble qu'elle est retombée — avec encore plus de force qu'autrefois — au creux de cette agonie qui la saisissait, enfant, lorsqu'elle devait se lever à ce qui lui paraissait l'aurore, sèchement secouée par son institutrice, pour une abominable journée de cours, de leçons, de réprimandes, d'inutile.

A nouveau c'est ce qui l'attend : la discipline et l'inutile.

Laissant glisser ses jambes hors de son lit, elle se lève à reculons, la poitrine toujours contre le matelas, puis se retrouve à genoux, la tête perdue dans un oreiller qu'elle serre à pleins bras.

Quand elle n'en peut plus de cette position malaisée, elle se remet debout et toujours à reculons se rend aux toilettes où elle se laisse tomber sur le siège, la tête entre les mains.

Ensuite, traînant les pieds comme une vieillarde — mais qu'est-elle d'autre désormais ? — elle se dirige jusqu'au lavabo, la glace. Qui suis-je ? Qui es-tu ?

Tout en elle dit « non ».

Non à son image, non au jour, non à son propre nom, non à l'envie de vivre qui doit bien poursuivre son chemin clandestin en elle, puisqu'elle respire.

La seule envie qu'elle aurait, c'est de prendre sa voiture et d'aller rouler au hasard hors de Paris, en tâchant d'éviter les lieux où ils se sont promenés ensemble.

Elle ment : en recherchant systématiquement chaque rue, chaque paysage, chaque kiosque, chaque arbre, chaque coin et recoin qu'ils ont *vus* ensemble.

Déjà le défilé des images s'est mis en marche : là ils ont couru sous la pluie pour s'abriter sous cet auvent où, pour la première fois, il lui a parlé de son père.

Là ils ont déjeuné à une terrasse ensoleillée, et tout au long du repas ils se sont occupés subrepticement de nourrir les moineaux...

Il y a aussi, et c'est le pire, les lieux où ils sont seulement passés, à pied, en voiture, parce qu'ils se rendaient ailleurs, et où il lui a fait, au passage, remarquer un immeuble, une devanture, un square, une statue, un arbre, rien... Un instant de leur vie commune.

La vie commune s'est défaite, mais le bout de maison ou de trottoir est resté là, à jamais, comme un site commémoratif.

D'où vient que ces images, auxquelles la veille encore elle ne pensait pas, se mettent maintenant à la hanter, surgissent sans raison dans son esprit ?

Elle donne un ou deux coups de téléphone indispensables, puis se rend à l'agence de publicité déposer un rapport terminé la veille, tâchant de n'avoir affaire qu'aux employés subalternes, évitant ceux qui risqueraient de lui poser des questions trop directes, de s'inquiéter de sa mine, pire encore de lui demander : « Que fais-tu à déjeuner ? » Mais lorsqu'elle va pour s'esquiver, après avoir dit qu'elle ne sera pas chez elle de l'après-midi, qu'on pourra la joindre au téléphone le lendemain matin, une porte s'ouvre et elle se trouve nez à nez avec Humber, son chef de service.

« Ah ! c'est vous, Isabelle, venez une seconde dans mon bureau, j'ai quelque chose à voir avec vous. Asseyez-vous, je vous rejoins tout de suite. »

Elle se laisse tomber sur l'un des fauteuils d'une élégance fonctionnelle, face à une lithographie de Brauner, avec ce sentiment d'inéluctable qui la saisit dans le salon d'attente du dentiste : il faut qu'elle se laisse « faire », elle est là pour ça, et en même temps qu'elle reste sur ses gardes. Pour défendre sa liberté intérieure contre le sadisme inévitable de l'« opérateur ».

« Ça vous dirait d'aller à Venise la semaine prochaine ? Il y a un congrès sur l'affichage en milieu rural. Il y aura quelques publicitaires étrangers qui valent la peine d'être interrogés. Et puis ça se passe à Venise ! »

Venise ? Seule ? En laissant Pierre à Paris... Mais elle a rompu avec Pierre... Alors ? Non, c'est trop tôt. Elle ne peut pas. Ils avaient toujours dit qu'ils iraient ensemble. Elle se noierait dans le premier canal.

Elle regarde Humber, son large visage plat et pâle sous les lunettes rondes cerclées d'or. Ça l'arrangerait sûrement qu'elle dise oui, qu'elle y aille. Il ne le lui « impose » pas, mais ça revient au même.

Si elle dit non, il comptera « moins » sur elle, puis, peu à peu, plus du tout. C'est comme ça qu'on grimpe dans les entreprises, ou au contraire qu'on se coule, non pas dans les affrontements spectaculaires, mais au cours de ces petites conversations qui n'ont l'air de rien, où un chef de service pressé et submergé cherche à se reposer sur quelqu'un.

« C'est que j'ai le rapport sur le verre à finir, j'ai pris rendez-vous chez Perrier. Vous croyez que c'est tellement intéressant, les affiches rurales ? Il me semble que l'on a fait une enquête semblable il y a à peine un an... »

Il la dévisage sans rien laisser paraître. Il est déçu et lui en voudra, mais elle s'en fout. Ne pas partir. Ne pas prendre le train. Ne pas trop s'éloigner de son téléphone. Continuer à vivre avec « lui ». Comme ceux qui ont perdu quelqu'un et qui s'efforcent de faire exactement comme avant, répétant les mêmes gestes, conservant les mêmes horaires. Clos dans leur amour. La personne est morte mais l'amour continue.

Son amour continue.

Elle quitte le bureau de Humber et l'agence à toutes jambes. Monte dans sa voiture. Roule d'abord au hasard. Se retrouve sur l'autoroute. Puis dans le parc de Versailles. Tout au bout. Là où ne va jamais personne. Où les jardins à la française, les bassins de marbre rose, les gradins, les statues, les massifs fleuris font place à des chemins empierrés, raboteux, des prés fauchés, puis à des champs, la pleine campagne, le mur d'enceinte bâti à l'ancienne.

Elle se roule en boule au bord d'un fossé, parmi les herbes hautes, incapable de rester assise. Elle se rappelle qu'un été, elle a rencontré sur ce chemin-là une charrette traînée par des chevaux et remplie de foin.

Elle s'était fait des réflexions « savantes » sur le brusque passage de la somptuosité des aîtres du château à la sauvagerie d'un terrain tout à fait champêtre. Comme dans un film en accéléré. Ou sur une maquette destinée à montrer aux enfants comment était la terre, avant les hommes, et ce qu'elle est depuis, et la façon dont on passe, sans rupture visible, de l'un à l'autre.

Sans rupture.

Il n'y a pas de rupture. Même lorsqu'on habite au cœur de la ville, au-dessous, il y a le sable, la plage.

Elle se souvient du rêve qu'elle a raconté à Pierre, au cimetière de Picpus : elle pousse une porte de son appartement et d'un seul coup se trouve dans un jardin qui, elle le sait, a toujours été là, à portée de sa main...

Un homme surgit auprès d'elle, sans qu'elle l'ait vu venir. Tenue correcte, âge moyen, le geste un peu trop brusque, il n'a pas la démarche d'un promeneur, il paraît chercher quelque chose, ou se cacher.

Elle a peur, brusquement. (Comment peut-elle encore avoir peur alors qu'elle est dans un tel désespoir ?) Elle se lève, se met en marche dans une direction déterminée, pour indiquer qu'elle n'est pas en quête d'une aventure. Qu'elle sait où elle va. Elle se demande si l'homme la suit, mais elle n'ose pas tourner la tête pour s'en assurer. Elle ne veut pas qu'il sache qu'elle a peur de lui.

Comme elle a peur de Pierre.

XVII

Les premiers temps de sa séparation d'avec Isabelle, Pierre n'a pas le sentiment de souffrir. Au contraire, il n'a jamais vu autant de monde, jamais tant bougé.

S'il souffre — sans vraiment se l'avouer — c'est justement de ne pas souffrir.

Il est comme insensibilisé. Capable d'entrer dans n'importe quel lit, le sien ou un autre, sans rien ressentir.

Travaillant ou ne travaillant pas, sans éprouver de satisfaction ou d'inquiétude particulière.

« Débranché. »

De temps à autre, dans la rue, il lui arrive de caresser un chien ou de mettre la main sur la tête d'un enfant tout petit, et là, une minute, parce qu'il a plongé les yeux dans un regard qui ne lui demande rien, à nouveau il se met en mouvement comme s'il se rapprochait... Mais de quoi ?

Puis la mère reprend son enfant, le chien s'éloigne et il se retrouve exilé.

Comme lorsqu'il était enfant et qu'il allait et venait parmi les disputes et les criailleries familiales sans que rien ne l'atteigne. Même pas les coups, les invectives, les malédictions.

« Si tu continues à te foutre de tout, lui avait dit son père, tu n'arriveras jamais à rien, je te préviens ! »

Son père est mort et Pierre n'a rien éprouvé. Tout compte fait, c'est son père qui n'est arrivé à rien ! Qu'à mourir.

Ensuite Pierre s'est marié et quand il s'est mis à vivre avec sa jeune épouse, il a cru tenir quelque chose. Dans un élan, il s'est enfermé avec elle pendant des jours, à faire l'amour à l'écart du monde où il a si souvent froid.

Au point qu'il tremble quand il se retrouve nu dans un lit, après l'amour.

C'est sa femme qui la première a eu envie de sortir de leur chambre. Elle désirait des voyages, des distractions, des réceptions, et ne supportait plus le constant tête-à-tête avec son époux.

Lui, au contraire, c'est dans le monde extérieur qu'il se sent mal. Pour supporter d'être dehors, il lui faudrait toujours quelqu'un à ses côtés.

Dès qu'on le quitte, fût-ce deux jours — Isabelle l'a constaté — il se juge abandonné et cherche ailleurs.

Trouve.

Et regarde de haut celle qui revient. S'est-elle bien amusée ? Pour lui, merci, ça s'est très bien passé. Il peut tout raconter si on le lui demande — et sans attendre la réponse il le fait...

Outrée, sa jeune femme supporte mal ce qu'elle nomme — avant d'autres — sa « cruauté » ou son « inconséquence », et cherche à le blesser à son tour. Par les mêmes moyens que lui.

Les scènes deviennent effroyables. Finalement, ils s'accordent pour se dire qu'ils ne sont pas faits l'un pour l'autre et ils se séparent.

C'est du moins ce qu'Isabelle tire de ce que Pierre lui raconte de son mariage.

A l'en croire, la mésentente qui a détruit son couple procédait d'un accident qui n'a aucune raison de se renouveler. Ne se renouvellera pas. Ne dépend aucunement de lui.

Et ce qui s'est passé par la suite tient avant tout à son « chagrin » d'avoir quitté son épouse : ces aventures impétueuses, brèves. Oubliables. Oubliées.

Puis Isabelle.

Avec elle, tout peut être bien, et même durable.

Si seulement elle n'était pas si constamment collée à lui !

« Tu me donnes de l'angoisse à toujours penser à ce que je fais ! »

Le reproche exaspère Isabelle : cette présence pleine, c'est pourtant lui qui la réclame, l'exige !

Il faut l'entendre crier : « Tu ne m'écoutes pas ! » dès qu'on saute un mot de ses discours sans fin...

Il lui en faut *trop* !

C'est ainsi qu'il se rassure, et puisqu'elle le lui accorde, il se paie en prime le luxe de jouer les indépendants, et les généreux : si elle se montre patiente, adroite (ferme les yeux...), avec le temps son besoin de mouvement finira bien par lui passer.

« On me dit que je terminerai ma vie avec toi. Aux yeux des gens, en tout cas, c'est évident... »

Cette manie qu'il a de parler de ses fréquentations féminines de préférence au masculin : les « gens » ! Quels gens ? Celles qui, pour l'instant, pendant qu'il est encore vert, profitent de lui ?

Il insiste : qu'elle lui laisse le temps de s'habituer tout à fait à cette idée et de la rejoindre par les chemins qui lui conviennent. En musardant un peu, il le reconnaît, mais puisqu'il vient, puisqu'il arrive...

Puisqu'elle est sûre, en fin de compte, que c'est elle qui « l'aura » !

Les moments qu'il préfère — ça, il ne le lui dit pas — ce sont ceux où il a la certitude qu'il va la retrouver, mais pas tout de suite.

Il passe alors une journée formidable, qui le rend gai, primesautier, séducteur. Il a envie de plaire à toutes les femmes qu'il rencontre.

Et même s'il n'a pas envie de les séduire, rien que par la façon dont il se comporte, ce sont elles qui viennent spontanément à lui, comme dans une comédie-bouffe.

Au fond, c'est à Isabelle qu'il doit ses succès, car il n'en a jamais autant que lorsqu'il pense à elle, et parle d'elle à d'autres femmes.

Comme cette « copine » — « Mais non, ne t'en fais pas, c'est complètement fini entre nous, elle a un amant, on ne se voit plus que pour le plaisir » (quel mot !) — qui lui a dit récemment :

« Je préfère que tu cesses de me parler d'elle, car tu remues trop mes tendances homosexuelles... »

Si souvent Pierre lui donne envie de se frotter les oreilles, comme on se frotte les yeux...

Et s'il profite de temps à autre d'une bonne affaire ou d'une aubaine, elle a tort de s'en affecter.

Ce sont les femmes qui s'affolent, lui demeure dans l'indifférence. Il voudrait pouvoir lui décrire la façon bizarre, inexplicable, dont l'excitation, au lit, s'empare de certaines, les choses qu'elles font alors, qu'elles disent.

Lui, ça le fait bander, c'est tout.

Ou ça le choque.

Mais dans sa tête, il continue de penser à Isabelle.

Au fond, quand il couche avec d'autres, c'est un hommage qu'il lui rend.

Comme le mois dernier, quand il s'est laissé faire par cette grande brune, un peu poilue, un peu mastoc, que lui ont présentée des amis.

Il paraît qu'on le trouvait trop seul, ces derniers temps.

« Il y a quelqu'un qui désire te connaître, lui a-t-on dit, elle a trente ans, elle vient de divorcer, deux enfants. Elle est dans l'enseignement. Elle aime les sports violents. Peut-être aussi les hommes qui la bousculent un peu, tu vois ce que je veux dire ? On lui a tellement parlé de toi. »

Il est arrivé pour dîner, une bouteille sous le bras, ayant oublié qu'elle devait être là. Il y a repensé quand il a senti le regard de la femme, immobile dans un coin de divan, qui ne le quittait pas. Et contemplé ses cuisses épaisses sous la robe de jersey qui la moulait mal.

A table, on les a mis côte à côte. Il n'a pas eu à parler ni à se présenter. Elle était au courant. De son travail, de ses activités, de son divorce. Et même de la rupture avec Isabelle. Et même de sa peine, dont pourtant il ne dit rien.

Ils partent en même temps, elle le fait monter dans sa voiture et l'emmène chez elle, sans un mot, comme un chien trouvé qu'elle aurait ramassé.

Il se laisse faire. Pourquoi pas ? Il a besoin de bras, de chaleur. Puisqu'on les lui offre sans qu'il ait à demander. C'est reposant. Ça le change de ces longues semaines de guerre avec Isabelle. Et de solitude.

La femme dort maintenant à ses côtés, silencieusement. Ça n'est pas une mauvaise fille et il sent qu'elle aussi, à sa façon, est perdue et a besoin de quelqu'un ou de quelque chose. De n'importe qui ou quoi. S'il se laisse faire, elle est prête à s'attacher à lui, sans la moindre question.

Il n'aura pas de précautions à prendre avec elle, elle fera tout ce qu'il lui demandera. Elle va tout accepter. Tout avaler. Elle est de ce genre-là.

Il ne l'a pas choisie. Il n'a pas eu à la conquérir. Ça s'est ouvert sous lui, c'est tout.

Il sent qu'il va en user, égoïstement, tant qu'il en aura besoin.

Il l'a tellement peu regardée qu'il n'est même pas sûr qu'il la reconnaîtrait dans la rue.

Mais il a retenu l'adresse de la maison et l'étage de l'appartement dont il connaît déjà la disposition.

Il faudra qu'il demande une clef.

XVIII

Le temps passe et Pierre ne se dit pas qu'il va appeler Isabelle. Il ne se dit pas non plus qu'il ne l'appellera pas. Il n'y pense pas. Ou plutôt, chaque fois qu'il y pense, il repousse le projet à plus tard, tant il craint qu'elle lui dise non. Il y a des moments où il n'a absolument pas la force de s'exposer à se faire rejeter par Isabelle. Ça l'atteint trop profondément. Il ne se demande pas pourquoi. C'est ainsi.

Puis, brusquement, peut-être parce qu'il a Jeanne derrière lui, il se sent un peu moins vulnérable. Il a un lieu, désormais, où venir panser ses blessures, si Isabelle le blesse.

Si Isabelle lui dit trop brutalement : « Je n'ai pas envie de te voir », il ira retrouver Jeanne.

Ses arrières sont assurés.

C'est à cela que lui sert Jeanne : à avoir la force de prendre des risques avec Isabelle.

« Bonjour, c'est Pierre. Comment vas-tu ? Je voulais avoir de tes nouvelles.

— Je vais bien. »

Il aurait préféré qu'elle ne lui dise pas qu'elle peut aller bien sans lui, mais il est heureux d'entendre sa voix et qu'elle ne le rejette pas. A nouveau quelque chose en lui se sent « en place » et, oubliant son bref éclair de déplaisir, il ne songe plus qu'à prolonger son bien-être. La conversation dure longtemps, plus d'une heure. Il lui raconte d'abord certaines choses qu'il a faites. Pas toutes.

Isabelle en fait autant.

Puis ils se donnent des nouvelles de tiers. Commentent, médisent un peu. Pierre s'autorise un calembour et Isabelle rit aux éclats.

« Tu n'as pas perdu ton humour !

— Il n'y a que toi pour me trouver drôle...

— Tu m'étonnes !

— Je te promets... »

Silence. Il se jette.

« J'ai envie de te voir. J'ai des choses à te dire. Des choses importantes.

— Eh bien, dis-les-moi maintenant.

— Je ne peux pas te les dire au téléphone. »

Tiens, pense Isabelle, lui qui d'habitude use justement du téléphone pour dire les choses importantes qui vont faire mal...

« Veux-tu qu'on se voie ce soir ? »

Il n'est pas libre à ce moment-là.

Alors demain soir ?

Non plus.

Alors quand ?

Eh bien, tout de suite, à l'instant même.

Alors elle se dit que si elle accepte de le voir dans l'instant même, elle lâche tout. Alors elle lâche tout.

Quand ils ont fait l'amour, et très bien, et encore, comme s'ils ne l'avaient pas fait depuis longtemps l'un et l'autre, ce qui pour Isabelle est vrai, pour Pierre moins, quand il s'est bien assuré de son corps, pieds contre pieds, genoux contre genoux, une main sur un sein, son front à lui contre son épaule à elle, et sa main à elle tantôt sur son dos, sur sa taille, ses reins, reprenant joie, reprenant possession, il commence à lui parler.

Il la tient si fort, il est si près d'elle physiquement, odeurs et sueurs mêlées, qu'il n'y a même pas place pour l'angoisse, ni pour le rejet.

Ce que l'un dit à ce moment-là semble dans l'instant ne pouvoir faire aucun mal à l'autre.

« Il faut que je te dise : j'ai fait une rencontre.

— Ah ! bien, dit Isabelle.

— Après notre rupture, je me réveillais toutes les nuits en criant.

— Moi aussi, dit Isabelle.

— J'ai essayé de chercher des femmes, je n'en ai pas trouvé. Quand on est dans cet état-là...

— Moi je n'ai cherché personne.

— Et puis des amis s'en sont occupés.

— Ah ! bon, dit Isabelle.

— On ne s'est même pas parlé, ça s'est fait.

— Elle s'appelle comment ?

— Jeanne.

— Tu vis avec ?

— Non. Enfin pas vraiment. Tu sais, je m'entends bien avec elle. Elle est douce. Pas comme toi ! C'est une personne qui dit toujours oui. »

Isabelle rit.

« Comme les putains ! »

Pierre rit aussi.

« Ne sois pas grossière !

— Et si j'ai envie d'être grossière ! Si tu me donnes envie d'être grossière ! »

Elle se redresse, le saisit aux génitoires, s'assied à califourchon sur son corps.

Il la fait basculer, entre en elle à nouveau. Isabelle a les yeux ouverts.

« Vous faites bien l'amour ?

— Qui ?

— Jeanne et toi.

— C'est amusant de faire découvrir l'amour à quelqu'un.

— Tu me le fais découvrir. En ce moment même. »

Mais elle n'arrive plus à fermer les yeux. Ni la bouche. Tout à l'heure, elle a fait l'amour dans le silence du cœur. Maintenant elle a envie de mots.

« Quand je fais l'amour avec toi, j'ai l'impression que quelque chose se crée...

— Quoi ?

— Je ne sais pas. Et toi, que sens-tu ?

— Moi, je pense que personne ne peut m'empêcher de coucher avec toi ! »

Isabelle pense à Jeanne, à Pierre avec Jeanne, et n'éprouve rien. Elle est à ce qu'elle fait, à ce qu'elle ressent. Ce qu'elle ressent est bon. Facile.

« Quelque chose est mort, dit-elle.

— Quoi donc ? dit Pierre en embrassant ses épaules, ses joues, sa bouche.

— Ma jalousie.

— C'est une bonne chose, dit-il en lui indiquant de la main sur son flanc qu'elle doit se retourner.

— Et toi ! lui dit-elle, la bouche dans le matelas.

— Moi quoi ? dit Pierre dans son dos.

— Ta jalousie à toi ?

— J'ai des raisons d'être jaloux ?

— Tu me suffis.

— Tant mieux. »

Elle se sent brève. La pensée courte. Sa jouissance ne l'est pas.

Ils se retrouvent côte à côte, c'est lui qui l'enveloppe de ses bras. Elle pose sa main non plus sur son corps à lui, mais sur sa cuisse à elle.

« Raconte-moi.

— Quoi ?

— Ce que tu n'osais pas me dire avant, quand j'étais jalouse.

— Tu es sûre que tu ne l'es plus ?

— Justement, c'est pour voir. »

Alors il lui dit tout.

Jeanne, Annick, Barbara, les précédentes, celles qu'il a eues avant son mariage, et pendant, et sa femme, et puis ses dernières aventures, qui se sont déclenchées autour de Jeanne, suscitées par ce nouveau lien dont, au fond de lui-même, il se moque.

Isabelle laisse les choses descendre droit en elle comme de la poix fondue. Se tracer un chemin qui n'existait pas auparavant à travers sa chair.

Pierre parle sans prendre de précautions, sans la ménager. Comme si Isabelle n'était pas de chair, n'avait pas de corps. Comme si elle n'était pas une femme, n'était pas délicate, et douloureuse, et fragile.

N'était pas ce tendre échafaudage de sensibilité, d'attente, de jouissances qu'elle a réussi à préserver malgré les chocs, les désillusions, les déceptions, pour tenter d'assurer la liaison entre ce qu'elle était, toute petite fille amoureuse de l'amour, et ce qu'elle est maintenant, devenue femme.

Pour chercher à rester une enfant, afin de pouvoir jouir, lorsqu'elle jouit comme tout à l'heure, exactement là où elle aurait joui toute petite. Pour satisfaire indéfiniment, encore et encore, l'enfant en elle. Parce qu'elle a le sentiment que c'est ça, se garder vivante : assurer la continuité entre l'être qu'on a été et l'être qu'on est, par la voie de la chair.

Pierre ne tient aucun compte de cette construction arachnéenne et ingénue qui fait d'Isabelle cet être attachant qu'il aime, et sans plus s'occuper du tiers ni du quart il fonce.

Son obscène discours mâle trace violemment son chemin au travers de cette chair femelle qui ne proteste pas, ne bouge pas, ne se défend même plus.

Et c'est comme un viol. C'est un viol.

Pourtant rien n'a changé dans la chambre. Rien n'a crié de par le monde. A peine si la fenêtre s'obscurcit un peu, parce que la nuit de printemps avance, apportant son apaisement, ses promesses de douceur nocturne, de plaisirs voilés — à tous sauf à elle.

Elle ne dit rien.

C'est bien sa faute aussi.

Elle n'avait qu'à ne rien lui demander, lui dire non quand il s'est mis à parler. Elle est bien assez grande pour dire non.

Puisqu'elle est assez grande pour faire l'amour.

Elle n'a pas dit non.

Comme si quelque chose en elle en avait assez de toujours se protéger, se défendre contre l'inavouable, le secret, le caché, la tromperie, la sexualité, les jalousies, les peurs, les angoisses, les haines. La peur qu'il y en ait d'autres.

Eh bien, oui, il y en a d'autres !

Voilà. C'est dit.

Il y a au monde d'autres femmes qu'elle. Il est temps qu'elle le sache.

Il est temps que la petite fille en elle sache qu'elle n'est pas l'enfant favorite et préférée de son père.

La seule qui puisse amener dans son regard cet éclair de joie et de fierté secrètes.

Le monde est rempli d'autres femmes. De femmes comme elle. Exactement comme elle. Mieux qu'elle parfois. Plus neuves.

Plus femelles aussi. Avec de plus gros seins. Plus de graisse — Jeanne est grasse, lui a dit Pierre, mais elle manque de seins —, plus de bêtise peut-être. Incarnant mieux la femellitude.

Au tréfonds d'elle-même, Isabelle sait parfaitement ce qu'est la femellitude, elle peut même en être troublée.

« Tu aimes les grosses femmes avec des grosses mamelles ?

— Surtout quand elles ont seize ans et des robes à ramages ! »

C'est le ton de la plaisanterie.

Mais Isabelle ne plaisante pas.

« Et le viol, tu n'as pas envie de viol ?

— Pas mon truc ! Mais déflorer une pucelle ! Tu n'aurais pas de jeunes vierges à me présenter ? »

Il a parlé d'une façon câline, pressante.

Vierge. Ce qu'elle ne peut *plus* être.

Elle pressent bien ce qu'il peut y avoir de touchant, d'excitant, de jouissif à renverser sans précautions une fille lourde et courte qui ne se défend pas, tout de suite trempée, sur une couche de rencontre.

Les voilà ses vraies rivales ! Non pas ses amies, ses égales, ses paires, mais les filles animales si loin d'elle qu'elle n'aurait rien à leur dire, avec lesquelles elle n'a rien en commun, sauf le sexe.

Celles qui incarnent mieux qu'elle l'obscénité de la chair.

A la limite, les femelles animales elles-mêmes.

Les truies.

Brusquement, Isabelle imagine Pierre chevauchant une truie. Cela peut être bon. Bon pour qui ? Pour l'homme ? Pour la truie ?

« Tu pourrais coucher avec un animal ?

— C'est toi l'animal. »

Il s'est remis à malaxer son corps, sa chair, comme une pâte qu'il chercherait à faire lever.

La femme sent qu'elle n'est plus que ça, sous la main de l'homme, un morceau de chair bon à tout, bon à rien, offert à n'importe quel geste, de la part de n'importe qui.

Prostituable.

Prostituée.

Soudain, peut-être parce qu'elle lui a parlé de viol, il la chevauche à nouveau, très animé, pris d'une sorte de fougue, de furie sexuelle qu'elle ne lui connaît pas, car d'habitude il y a toujours entre eux du « sentiment », une tendresse personnalisée qui freine un peu l'abandon.

Pour la première fois, ils glissent ensemble dans l'anonymat du coït brut, débarrassés de toutes les réserves, des « après vous Madame mais je vous en prie Monsieur » des amants qui se ménagent et se considèrent.

Et d'un seul coup Isabelle se sent libre d'imaginer tout ce qu'elle veut. De posséder par la pensée qui elle veut. Comme elle veut.

Alors elle imagine Pierre entrant dans la boutique d'Annick à laquelle il a préalablement demandé de se « préparer ».

Selon ses instructions, la grande Annick l'attend à genoux sur le divan, en porte-jarretelles et bas noirs, la jupe relevée, sans culotte.

L'homme s'approche d'elle, vérifie d'une main qu'elle est bien ouverte, se déboutonne de l'autre et au moment où Isabelle se dit qu'il va prendre la fille, c'est elle en réalité qui se trouve dans la position accroupie et que son amant pénètre.

A la clameur qu'elle pousse font aussitôt écho sa plainte et son orgasme à lui.

La femme retombe sur le côté et ses larmes coulent.

Des larmes sans sanglots.

« On est allés si loin ensemble », dit-elle.

L'homme met un moment à lui répondre et elle croit d'abord qu'il ne l'a pas entendue.

« Tu dis ça comme si c'était fini ? »

Elle lui prend la main et l'embrasse, n'ayant plus de mots. Ni d'idées.

« Ça te gêne qu'il y ait Jeanne ? »
Il a retiré sa main.
« Non. »
Elle aussi s'est éloignée.
« Est-ce que ça n'est pas un peu réducteur ?
— Que veux-tu dire ?
— Tu vas peut-être moins m'aimer, ce sera moins passionné ! »
Elle croise ses avant-bras sur son visage, se cachant les yeux comme si elle ne voulait plus voir la lumière. Il y a Jeanne. Le monde s'est agrandi. Ils ne sont plus seuls. Elle ne sera plus jamais seule avec lui. Quoi qu'il arrive, leur moment d'intimité parfaite est terminé. Peut-être pas l'amour, mais une forme d'amour. Celle que le reste du monde ne supporte pas parce qu'elle l'exclut. « Des amis se sont occupés de me faire rencontrer quelqu'un. »
Drôles d'amis qui ont horreur de l'amour des autres. Cherchent à le détruire. Veulent toujours couper la tête à la passion. Y parviennent. Bassement. Bêtement.
Pierre s'est assis en tailleur sur le lit. Il se gratte les mollets. Le pubis.
« Tu ne trouves pas que ça fait du bien, de temps en temps, de dire la vérité ? »
Isabelle ôte les bras de son visage et comme elle ne parvient toujours pas à parler, elle sourit.
Pierre est intelligent, c'est certain, mais l'est-il assez ?

XIX

DEUX jours plus tard, Isabelle téléphone impulsivement à Annick qui, lui semble-t-il, ne s'en étonne pas.

Les deux femmes se donnent rendez-vous une fin d'après-midi à la librairie. Et en s'y rendant, Isabelle se demande ce qu'elle va chercher là.

Depuis le soir des fameuses « confidences » de Pierre, elle n'a pas vraiment repris pied. Ce que Pierre appelle la « vérité » lui a fait perdre la sienne propre.

Tout lui paraît faux, double, menteur.

Même son image dans la glace semble le reflet d'une *autre*, et elle se retient pour ne pas s'envoyer quelque chose à la figure.

Au moment où elle pénètre dans la librairie, non plus traînée par quelqu'un qui joue son jeu à travers elle, mais pour jouer le sien propre, un peu de combativité lui revient.

« Entrez », dit chaleureusement Annick.

Elle ajoute d'emblée :

« Voulez-vous du café ? »

Sans doute accueille-t-elle ainsi ses visiteurs hommes, pense Isabelle, afin de les entraîner plus commodément dans l'arrière-boutique.

Ne peux-tu retenir un peu le cours de tes obsessions ? se dit-elle.

C'est bien parce qu'elle l'a fait trop longtemps que sa pensée désormais lui échappe, vrille jusqu'au cœur des choses. Celles qu'on cache.

Elle s'apprête à suivre la jeune femme lorsque surgit un client à la recherche d'un ouvrage rare.

Tandis qu'Annick s'affaire, note la commande, Isabelle en profite pour bien la regarder. Ses gestes simples, son maintien droit, ses courts cheveux châtains, « gaufrés », ne lui déplaisent pas, au contraire.

L'autre fois déjà, elle s'est sentie attirée par cette femme, alors même qu'elle s'efforçait de la trouver « moche ».

Elle la craignait.

Désormais, le mal est fait et il ne sert à rien de lutter contre ce qu'elle ressent. Se laisser aller est un soulagement qui ressemble à du plaisir.

Le client reparti, Annick grimpe à une échelle pour replacer en haut des rayons quelques gros volumes qu'il lui a fait sortir.

Tandis qu'Isabelle allonge le bras pour tendre à la jeune femme les livres compacts et lourds, elle aperçoit sous la jupe ses cuisses fermes et lisses et s'étonne d'en être troublée.

Puis il lui vient à l'esprit que Pierre les a désirées et les a eues. Du plomb fondu lui tombe sur le cœur.

Après, elle n'a presque plus la force de soulever les livres.

Annick redescend de l'échelle, verrouille la porte d'entrée de la librairie, tire un léger rideau pour indiquer que la boutique est fermée et entraîne la jeune femme à l'arrière.

« On va prendre le café par ici. »

Isabelle voit tout de suite le fameux divan et se laisse tomber dessus.

« Avec ou sans sucre ?

— Sans. »

Annick emplit une tasse et la tend à Isabelle avec précaution. Tandis qu'Isabelle s'en saisit, elle sent qu'Annick la regarde.

Ou plutôt l'enveloppe de l'œil, et aussitôt elle éprouve un surprenant sentiment de douceur, comme lorsqu'elle était petite et que sa mère la dévisageait sans rien dire, au sortir de l'école, ou le matin avant son départ, dans l'idée muette de la réconforter ou de la secourir si nécessaire.

Pierre ne la regarde jamais comme ça.

Lorsqu'il pose les yeux sur elle, elle se sent jaugée comme s'il cherchait à repérer la partie de son corps qui lui donnera envie de faire l'amour avec elle.

Sa bouche, par exemple.

Ou ses seins lorsqu'elle porte un corsage suffisamment échancré. Ou alors ses jambes quand elle les croise et qu'il peut remonter, de l'œil, jusqu'au triangle blanc de la cuisse, au-dessus du bas.

Ce « déshabillage » plaît à la femme, mais en même temps la rend anxieuse : si brusquement il décidait qu'il ne veut plus d'elle ? Qu'il a mieux ailleurs ?

Le regard d'Annick, en revanche, la soutient.

Et l'encourage.

A être elle-même. Vêtue comme elle est. Assise comme elle est. Faite comme elle est. Laide aussi bien.

Isabelle a envie de soupirer.

Ou de parler.

Soudain, elle s'aperçoit qu'elle n'en peut plus de tous ces efforts. De ce chemin de croix.

« Alors, lui dit Annick, passant sans transition au tutoiement, il te fait de mauvais coups ? »

Sait-elle pour Jeanne ?

« Oui, dit Isabelle, la gorge nouée.

— Laisse-le tomber.

— Je ne peux pas.

— Parce que tu n'en as pas trouvé un autre ?

— J'ai le sentiment qu'il a besoin de moi. De toi aussi peut-être.

— De moi ? Il vient ici quand il a besoin d'une chaise où poser ses fesses entre deux rendez-vous ! »

Brusquement, Isabelle se sent mieux.

En lui disant — vrai ou faux — que Pierre ne compte pas réellement pour elle, ni elle pour lui, Annick lui laisse entendre autre chose : en ce moment, c'est toi qui comptes pour moi. Plus que lui.

Comme autrefois.

Quand elle était petite et que sa mère lui disait de son frère qui l'embêtait tant : « Laisse-le donc, c'est un vilain. »

Isabelle se met à pleurer.

Annick vient s'asseoir près d'elle, entoure ses épaules de son bras.

« Alons, allons, tu ne vas pas pleurer pour ce type ! »

Isabelle sourit à travers ses larmes.

« Je ne pleure pas pour lui, je pleure pour l'amour.

— Tu l'aimes à ce point ?

— Je crois que j'aime tout ! »

De quoi a-t-elle l'air ? D'avoir cinq ans ? Elle se jette au cou d'Annick comme si elle avait cinq ans, en effet. Un corps de cinq ans. Elle niche son nez à la base du cou de la fille et sent l'odeur.

L'odeur de femme. De réconfort. D'abandon.

C'est Annick, la première, qui montre de l'initiative.

« Veux-tu ? »

Isabelle en a assez de dire non. Assez qu'on lui

dise non. Elle hoche la tête de haut en bas à plusieurs reprises. L'important c'est de dire oui. Peu importe à quoi.

Annick l'embrasse doucement sur les lèvres, les yeux, à la naissance des cheveux.

En même temps elle entreprend de déboutonner son corsage, caresser sa poitrine.

Lorsqu'il cherche à lui faire l'amour, Pierre lui empoigne parfois les seins à pleines mains, puis les suce, les mordille jusqu'à la faire crier.

Les caresses de cette femme soulignent seulement les contours de son corps.

Elles ne peuvent pas laisser de trace. N'en laisseront pas.

Elles donnent une forme, c'est tout. Délimitent sa forme. Toute sa forme de femme.

Des orteils à la racine des cheveux.

Isabelle aussi a envie de découvrir la forme d'une femme. Elle aide la grande fille à se déshabiller. Elle regarde les cuisses, le ventre, les seins, les aisselles.

Elle écarte les genoux, passe la main sur la fente encore fermée, puis l'ouvre, explore d'abord d'un doigt puis de plusieurs, trouve, pénètre.

« Tu fais bien l'amour, dit Annick, tu couches souvent avec des femmes ?

— Non, dit Isabelle.

— Pourquoi ? »

Elle cherche la réponse juste.

« Parce que je n'y pense pas. »

En réalité, parce qu'elle n'aime pas.

XX

La femme descend les marches du pont de l'Alma qui conduisent aux berges de la Seine et se rappelle soudain qu'elle n'est plus venue à l'ombre de la tour Eiffel depuis ce jour où elle souffrait tant à l'idée que Pierre lui était sans doute infidèle.

Maintenant elle sait. Elle connaît les visages, les corps, les voix.

La femme repère un banc de pierre un peu en retrait et décide de s'y asseoir.

Elle aime contempler ce qu'il y a de plus immobile, les berges, lié à ce qu'il y a de plus passant, l'eau du fleuve.

La terre vit de toutes ses molécules.

« De la même vie que moi », pense-t-elle.

Seule la vision exiguë des humains leur fait considérer la planète comme un astre mort.

« Je devrais noter cette pensée. »

Dans le petit carnet noir qui ne quitte plus son sac ou sa table de nuit et où, depuis quelque temps, elle inscrit les pensées qui lui viennent spontanément.

Là, elle préfère rester encore un peu dans sa rêverie.

La veille, elle s'est couchée fort tard pour mettre

au clair une autre idée surgie tandis qu'elle dînait à la cuisine de fromage et de tomates.

Elle songeait à l'histoire que chacun se raconte à propos de sa propre vie.

Puis elle s'est dit : « Si on parvient à se raconter une tout autre histoire, on aura forcément une tout autre vie... »

Aussitôt son rapport au monde est devenu lumineux.

Vision qu'ensuite elle s'est employée à transcrire.

Dans ce travail de plus en plus fréquent de son esprit, elle a le sentiment d'engager son corps aussi attentivement et durement que lorsqu'elle fait l'amour.

Si Pierre s'était trouvé près d'elle, cette nuit-là, sa présence l'aurait-elle gênée ?

Sans raison particulière, la femme lève brusquement les yeux au moment où, dans la portion de ciel ménagée par les constructions parisiennes, heureusement assez basses dans ce quartier-là, se produit un événement inhabituel, quasiment miraculeux : le vol en V d'un groupe d'oiseaux migrateurs.

« Les grues de Maldoror ! » se dit-elle, et un frisson la prend en même temps que sa douleur, qu'elle s'efforce continuellement de domestiquer, se reconnaît dans les grands oiseaux sauvages, se réveille, et à nouveau la submerge.

Désormais, elle se rend presque quotidiennement à l'agence.

Lorsqu'elle assiste à une réunion des rédacteurs, participe à une conférence ou à un séminaire, elle se contraint à prendre de plus en plus souvent la parole, tâchant d'exprimer le plus justement possible ce qu'elle a dans la tête à ce moment-là.

Il lui arrive même de proférer des propos aussi dénués d'intérêt que : « le temps va changer » ou : « si on ouvrait la fenêtre », pour tenter de s'habituer au son de sa propre voix en public.

Longtemps elle s'est crue incapable de retenir l'attention lorsqu'elle parle, ou même de parvenir à articuler un mot autrement qu'en tête-à-tête.

Elle s'est longtemps dit, aussi, qu'elle n'avait pas d'opinion sur les problèmes sociaux ou politiques, car pour elle les « choses de la vie », du moins de la sienne, se situent ailleurs — en un lieu inacessible à toute autre qu'elle.

Mais en laissant ce qui surgit parvenir jusqu'à ses lèvres et les franchir, elle s'aperçoit qu'en fait elle possède des convictions bien ancrées sur *tous* les sujets.

Sans doute se sont-elles formées en elle dès l'aube de sa vie, en même temps que le langage. Sa tâche consiste à les articuler, les exprimer. Sans craindre les conséquences.

Elle ne les craint pas.

Depuis qu'avec Pierre elle a traversé cet enfer, elle ne redoute plus ce qui peut lui venir de ceux qui ne sont pas lui, ces indifférents qui lui apparaissent plus lointains, plus fantomatiques, plus inexistants qu'auparavant.

D'où son étonnement lorsqu'elle s'aperçoit que moins elle est touchée par autrui, plus on vient volontiers à elle, comme si on craignait moins de l'approcher.

Est-ce sa soif d'attention, d'amour, qui les écartait ?

Sans se laisser griser par ce « succès » — dont, fondamentalement, elle se moque — elle s'attache, dans ses réponses, à se montrer encore plus scrupuleusement fidèle à son sentiment.

Et lorsqu'elle n'en éprouve aucun, elle n'hésite pas à répondre : « Je n'en sais rien. » Quitte à décevoir.

La semaine passée, son chef de service, Humber, la prie de venir quelques instants dans son bureau, « quand elle aura le temps ».

Comme elle est libre sur-le-champ, il la fait entrer à sa suite, s'installe non pas derrière sa table mais dans un fauteuil à ses côtés, et selon son habitude — qu'Isabelle apprécie — entre d'emblée dans le vif du sujet :

« Etes-vous disposée à fournir un travail supplémentaire ?

— De quel ordre ?

— Nous pensons qu'il est nécessaire de conserver la trace de toutes les idées qui surgissent en conférence générale. Toutefois, il faut non seulement les noter mais les reformuler et parfois les prolonger. C'est un travail à la fois d'écoute, d'intuition et de réflexion.

— M'en croyez-vous capable ?

— Mieux que n'importe qui ici. »

En se remémorant la scène, Isabelle s'étonne de constater qu'elle progresse dans son métier et dans l'esprit de ses collègues, non pas en travaillant plus, ou en cherchant à se « recycler » — selon le jargon en usage chez les formateurs et à l'A.N.P.E. — mais simplement en s'efforçant de se rapprocher, d'une façon qu'elle croyait totalement secrète, de son noyau central.

De sa douleur.

Découverte qui ne correspond à rien de ce qu'on enseigne.

Et qui, tout en la déchirant, la rend un peu plus satisfaite d'elle-même.

Et l'amuse !

Elle n'aurait jamais pensé qu'un jour elle se réjouirait de passer pour une bonne « travailleuse » aux yeux des autres. Pensée qui pourtant la soutient, c'est évident.

Reste Pierre.

Elle le voit toujours assez régulièrement, mais ne lui téléphone plus jamais la première.

Et du fait qu'elle s'en tient à cette règle simple, elle se sent un tout petit peu plus tranquille. Est-ce pour cela — comme s'il supportait mal de la voir se calmer, ou que, dans la mesure où elle ne souffre pas, il n'est plus très sûr qu'elle soit encore amoureuse, voire vivante ? — mais Pierre, chaque fois qu'il est avec elle, cherche à titiller sa jalousie à la façon d'un mangeur d'huîtres qui, avant de l'avaler, fait réagir sa proie par une goutte de citron, un coup de fourchette.

Isabelle demeure impassible.

Elle ne veut voir et vivre que ce qu'ils font lorsqu'ils sont ensemble.

Le reste ne la concerne pas. Ne doit pas la concerner.

Un jour où, après lui avoir demandé à la dernière minute de sortir avec lui, il fait mine de s'excuser de son impolitesse — façon sournoise de lui laisser entendre qu'il n'a pas pensé à elle avant, ou que s'il l'appelle c'est qu'un autre rendez-vous vient de se décommander — elle lui déclare :

« Appelle-moi quand ça te convient. Si je suis libre, on sort, si je ne le suis pas, on remet. C'est tout. »

Elle n'a toujours pas d'autres amants.

Il arrive à Pierre de la taquiner à ce propos.

La dernière fois, elle a répliqué en lui tapant avec violence sur le ventre — il était nu :

« J'ai déjà eu assez de mal à m'habituer à ce sac à merde-là, je n'ai pas envie de recommencer avec un autre !

— Ça n'est vraiment pas aimable ! » a-t-il lancé en reculant, choqué.

Elle-même a été surprise par sa fureur.

Puis elle s'est dit que ça n'était pas une insulte, bien au contraire.

Elle aime cet homme jusque dans ce qui lui est le plus intime, les odeurs, les bruits du corps, les entrailles, la défécation, comme une mère aime son nouveau-né au point de ne plus s'apercevoir qu'il sent mauvais. Ou qu'il la fatigue.

Trop animalement requise.

Elle a vu, chez une chatte qui allaitait, cette même suprême indifférence à tout ce qui n'est pas son ventre et ses petits. Nul papillon, nul oiseau de passage, pas même un mulot imprudent, ne pouvait lui ôter cet air absent, neutre et comme insensible, lorsqu'elle quittait un instant sa portée pour venir respirer dehors ou hâtivement se nourrir.

« Le masque même de la passion », s'était dit Isabelle.

Et elle, où en est-elle ?

Elle s'est sortie de son placard pour faire quelques pas au bord de la Seine — près du vieux fleuve qui charrie nonchalamment tant de rebuts du corps et du cœur.

Tout au fond d'elle-même, n'est-elle pas comme la chatte ? Peut-il y avoir quelque chose qui la touche vraiment, hors cet amour ?

La femme se lève, lente et légère, remonte une à une les marches de marbre du pont, jette un regard distrait sur les éléphants d'ivoire que des vendeurs noirs ont déballés à même le trottoir, néglige les enfants qui multiplient les exploits sur leur planche à roulettes, hèle un taxi.

A peine est-elle rentrée que le téléphone sonne. (Elle aurait dû rentrer plus tôt...)

C'est Pierre.

Il l'appelle pour lui donner rendez-vous en plein Paris, dans une rue qu'elle ne connaît sûrement pas, rue de la Fidélité.

Isabelle se met à rire.

« Pourquoi ris-tu ?

— Parce que c'est bien pour toi qu'elle est la plus rude !

— De quoi parles-tu ?

— De la fidélité...

— Tu es drôle. Ecoute-moi plutôt !

— Je t'écoute.

— Viens. Je suis dans un café juste au milieu de la rue de la Fidélité. Tu ne peux pas te tromper, c'est une toute petite rue, et il n'y a qu'un café avec un téléphone sur le bar. Viens, j'ai des choses importantes à te dire.

— Des choses qui vont me faire mal ?

— Tu ne peux pas me faire un peu confiance ? J'ai besoin, moi, qu'on me fasse confiance ! »

Avant de partir, elle se regarde dans la glace, et se trouve plus rose que tout à l'heure. Ça n'est pas sa promenade sur le bord de la Seine, elle le sait, qui lui donne ce teint.

XXI

DÈS qu'elle l'aperçoit, l'œil aux aguets sous un réverbère, une envie de rire la prend tant elle sait d'avance ce qu'il va lui dire :

« Ce qu'elles sont belles, les nanas, aujourd'hui ! Heureusement que tu es arrivée, parce que je n'aurais pas résisté encore très longtemps... Il vient juste de passer une métisse, des nattes jusqu'aux fesses, une robe mauve, sublime ! »

Isabelle l'écoute, ou plutôt l'entend sans l'écouter. Il lui semble brusquement qu'il fait toujours la même musique un peu geignarde, comme un de ces petits orgues de Barbarie dont un singe enchaîné tourne la manivelle.

Pierre l'a prise par le bras et l'entraîne dans une arrière-cour sans arbres et plutôt pauvrette à côté des splendeurs que dissimulent certaines portes cochères de Paris.

Mais il a son idée.

Il désigne à la jeune femme des fenêtres joliment mansardées. Aurait-il habité là autrefois ? se demande Isabelle.

Dès qu'elle a levé les yeux, il l'enlace et l'embrasse longuement sur la bouche :

« T'a-t-on déjà embrassée dans la rue ?

— Pas depuis longtemps. »
Il lui reste un souvenir d'anciennes et romanesques promenades, au bord des quais ou du bois de Boulogne, en compagnie de jeunes gens avec qui elle aimait, à l'époque, jouer la ritournelle des amoureux sur les bancs publics, mais qui, pas plus qu'elle, n'étaient poussés par la passion.

Cette passion physique, presque brutale, qui émane des gestes de Pierre lorsqu'il s'occupe d'un être ou même d'un objet.

Est-il sincère ? Ou cherche-t-il seulement à se charmer lui-même en charmant autrui ?

A certains moments, il lui paraît roué — à d'autres, plus naïf que n'importe quel enfant.

Ils sortent de la cour et se retrouvent dans la rue de la Fidélité.

« J'ai envie de prendre un apéritif, dit Isabelle, de la Suze peut-être, quelque chose qui aille avec le quartier.

— Viens par là, il y a un café qui va te plaire. »

Pierre y pénètre le premier et entraîne sa compagne dans une arrière-salle. Il paraît plus amoureux qu'il ne l'a été depuis longtemps. Nouant tout de suite ses jambes aux siennes sous la table, il passe sa main sous son chandail, à la recherche d'un morceau de peau.

Isabelle rit, repousse sa main.

Elle n'aime pas qu'il utilise avec elle ses « trucs » de séducteur. Souvent, c'est lorsqu'il a quelque chose à lui demander et compte d'abord l'attendrir.

La caresserait-il uniquement par calcul ?

Son plaisir à elle est si vrai qu'elle a du mal à croire que celui de l'homme est joué.

Le garçon s'approche, deux longs verres entre les mains. Un souvenir revient à Isabelle. Lorsqu'elle était petite, l'été, à la campagne, et que son père se rendait au bistrot en compagnie de ses amis locaux — juge de paix, bibliothécaire, notaire —, il lui permettait de rester debout entre ses jambes à siroter de la limonade. Elle devait avoir six ans, à peine. Les hommes plaisantaient entre eux au sujet d'une partie de chasse, de pêche, ou d'un tout autre genre — mais rien n'était dit ouvertement à cause de la petite — tandis que les apéritifs de toutes couleurs circulaient dans des verres pareils.

Il semble à Isabelle que la lumière chaude et brillante dans laquelle s'est déroulée son enfance l'entoure à nouveau.

Son compagnon lève son verre et murmure : « A tes amours. » Puis, avant de boire, il se penche pour lui baiser les lèvres.

La femme a alors un sourire si lumineux que l'homme se dit que le moment est venu de lui parler.

« J'ai quelque chose à te dire. »

Sa voix est chaleureuse, avivée par le plaisir d'être auprès d'elle et aussi le désir de réussir au mieux son opération.

Sa compagne s'est accoudée pour l'écouter.

« C'est simple : je veux vivre avec toi. Mais d'une façon différente de celle dont nous avons vécu jusqu'ici. Il faut réinventer la relation. »

Aux mots « vivre avec toi », Isabelle est bouleversée.

Depuis qu'elle l'a rencontré — cela va faire deux ans — n'attend-elle pas inconsciemment que Pierre lui propose d'associer leurs deux vies, de l'épouser en quelque sorte ?

Mais qu'entend-il par relation nouvelle ?

« Où veux-tu que nous vivions, commence-t-elle par lui demander sur le ton de la ménagère qui tient déjà à envisager les gestes d'installation du foyer, chez toi ou chez moi ?

— J'ai trouvé un appartement. Il est à une amie — tu ne la connais pas — qui part s'installer à la campagne et veut louer sans passer par une agence. Il est situé sur deux étages, ce qui nous permettra d'avoir chacun une chambre et un téléphone. Les entrées sont séparées. »

C'était donc ça !

« Ça ne sera pas trop grand ?

— Si on veut que ça dure, et moi je veux un lien durable avec toi, il faut qu'on ait chacun notre liberté... Je sais maintenant que je ne vis bien que lorsque je te vois, mais j'ai besoin de me sentir libre. Toi aussi, à ce qu'il me semble. Je trouve que tu as bien meilleure mine depuis que tu me vois moins ! »

Isabelle hoche plusieurs fois la tête.

Quel talent pour passer chaque fois juste à côté d'elle — et probablement de lui-même !

Mais ça n'est pas la peine de tenter de discuter, ou de protester. Elle l'a déjà fait mille fois et toute explication n'aboutit qu'à déclencher la fureur de l'homme. « Tu crois toujours que tu sais mieux que les autres ! Tu n'en as pas assez de me faire sans arrêt la leçon ! »

Elle ne dira rien, elle va profiter de ces quelques heures avec lui. Peut-être passeront-ils la nuit ensemble.

Mais un grand voile de découragement est tombé sur elle.

Non, l'amour ne suffit pas.

Quelque chose dans le monde est impossible. Brisé.

Il lui prend la main sous la table.

« J'ai bien réfléchi, au fond je suis monogame. Il n'y a que la fidélité qui m'intéresse. Seulement, il me faut encore du temps pour y arriver. Laisse-moi ce temps. »

Isabelle considère ses cheveux qui commencent à grisonner aux tempes. Quand il sera entièrement gris, dégarni, dira-t-il toujours : « Il me faut du temps » ? et à qui le dira-t-il à ce moment-là ?

« Je peux te jurer qu'en ce moment il n'y a personne d'autre que toi. »

Il est parfaitement sincère. La femme qu'il fréquentait ces dernières semaines vient de partir pour le Maroc rejoindre un homme bien nanti qu'elle appelle son « fiancé ».

Depuis cinq jours, Pierre n'a pas fait l'amour ni cherché à le faire, il n'a eu aucune rencontre vraiment sérieuse ou qui ait encore abouti.

Il répète : « Il n'y a que toi », se rapproche encore d'elle, sa main tenue dans la sienne comme celle d'un enfant que l'on veut aider à franchir une rue périlleuse.

« Ça ne veut pas dire que cela va durer toujours ! »

Isabelle lui sourit. Comme il a peur ! Son père aussi aimait sa mère. Son père aussi trompait sa mère. Mais s'en cachait.

L'homme prend son sourire pour un assentiment.

« Ça n'est pas possible de vivre en couple fermé, c'est asocial. Tous les psychologues te le diront. Un homme et une femme qui vivent continuellement l'un sur l'autre, c'est malsain. Une sorte d'inceste. On a besoin de rencontrer des êtres nouveaux. Pas n'importe qui, bien sûr. Tu peux être convaincue que les femmes qui m'intéressent sont toutes bien. Il y en a même que tu aurais plaisir à rencontrer, je te le garantis.

— Elles me démangent bien assez comme ça ! » ne peut s'empêcher de dire Isabelle.

Tout récemment, en effet, elle a dû se traiter pour se débarrasser de certains parasites. Pierre fréquentait à ce moment-là une jeune Bordelaise dont il avait plaisir à vanter la modernité de mœurs : « Les jeunes, c'est autre chose, ils ont une façon toute différente de se comporter, ils prennent des risques dont je n'aurais pas eu le courage... De mon temps, je n'avais pas cette facilité-là. »

Et quand Isabelle, après examen, lui a fait remarquer que lui non plus n'est pas sorti indemne de « cette facilité-là », il a changé un peu de ton : « J'en trouverai de plus propres ! »

Et il lâche la Bordelaise, ce qu'il aurait fait de toute façon.

« Le seul risque, lui dit Isabelle, c'est la fidélité.

— Pourquoi ?

— Quand on mise tout sur un seul être et qu'il vous trompe, c'est parfois sans recours.

— Pourquoi cherches-tu toujours à me coincer ? »

Cherche-t-elle vraiment à le coincer ?

« Et Jeanne ? Tu la revois ?

— Non, je ne la vois plus.

— Pourquoi ?

— A cause de toi, imagine-toi ! Elle trouvait que je n'étais pas assez libre. De toute manière, on a fait ce qu'on avait à faire ensemble. Ça lui a été très bénéfique, comme à moi. Maintenant elle vit sa vie, c'est normal. Peut-être se retrouvera-t-on plus tard et se passera-t-il à nouveau des choses entre nous, je n'en sais rien. »

Subitement, elle se rend compte à quel point il est incapable de lâcher quoi que ce soit du passé. De couper. De trancher. A moins qu'on ne le fasse à sa place.

« Puisqu'on s'avoue tout maintenant, lui dit-elle d'une voix calme, dis-moi quelque chose : couches-tu vraiment avec toutes les femmes que tu rencontres ? »

Il est sensible au large regard qu'elle lui jette. Ils vont peut-être pouvoir se comprendre, après tout.

« Il n'y a pas d'autre moyen que de coucher avec quelqu'un pour le connaître. Surtout qu'aujourd'hui, on n'a pas tellement de temps pour se voir et se fréquenter longuement. Et qu'il faut bien avoir une vie sexuelle. Alors autant l'avoir avec les êtres qu'on est amené à rencontrer. Ça fait gagner du temps. Ça permet aussi de savoir plus vite à qui on a affaire, si on s'entend, si on ne s'entend pas, si ça vaut la peine de continuer... Nous deux, on n'a pas perdu beaucoup de temps le jour où on s'est rencontrés ! »

C'est vrai.

« Oui, dit Isabelle.

— Un sociologue soutient une thèse très intéressante. De nos jours, les gens pensent qu'ils ne sont rien d'autre que leur corps. Il n'y a plus que ça qu'ils comprennent et qui les motive. A preuve la quantité d'ouvrages qu'on publie tous les jours sur le yoga, le jogging, la diététique, soyez mieux, mourez content, etc. Alors, si on veut approcher quelqu'un, il n'y a pas d'autre moyen que le corps à corps. Tu es bien d'accord ? »

Elle est complètement nue avec Pierre, non pas dans un lit mais sur une plage déserte. Ils sont étendus dans une flaque que protègent quelques rochers et où la mer leur paraît tiède. Le soleil est léger, le ciel totalement pur. Ils flottent. De temps à autre, un léger flux les projette l'un contre l'autre, corps contre corps.

Pas une âme, à part eux, sur la longue plage sauvage, à cette heure de midi. Ce jour-là, chacun est pour l'autre le seul corps qui soit au monde.

Elle pose silencieusement la tête sur l'épaule de Pierre.

L'homme est content de la voir si raisonnable.

Mieux que raisonnable, abandonnée, comme elle l'est parfois dans un lit, si souple alors, si poupée de chiffon, après l'amour, qu'il lui arrive de s'inquiéter et de la secouer pour vérifier qu'elle vit encore.

Là, il entend sa respiration. Il est satisfait. Tout va bien. Au fond, il commence à être fatigué de tous ces combats et il a hâte que les choses s'arrangent d'une façon définitive. Il constate avec plaisir que le dénouement est proche. Ce qui redouble son élan.

« Je vais te raconter quelque chose qui va t'amuser !

— Est-ce que je peux encore avoir à boire ? demande Isabelle qui éprouve un besoin subit de chaleur, de remontant.

— Bien sûr, mon amour. Garçon, la même chose pour Madame ! »

Le ton est comme virilisé par cette tâche qu'il se sent désormais tenu d'assumer, protéger cette femme. Après tout, il va lier sa vie à la sienne !

Il y en a qui seront bien étonnées, qui feront même une drôle de tête. Celle qui est partie pour le Maroc, en particulier. Quand elle apprendra ça à son retour ! Et Jeanne. Qui, tout compte fait, l'a vilainement plaqué. Qu'entendait-elle par « pas assez libre » ? Eh bien, maintenant il ne le sera plus du tout — sauf pour le plaisir, évidemment.

Il demeure silencieux — et pour lui c'est toujours un effort — le temps que le garçon apporte la consommation demandée avec cette dextérité qu'on ne rencontre plus que dans des bars tranquilles comme celui-là.

Ici tout demeure « pour le client », comme si on était encore près du rural, de ce temps où les ouvriers restaient des paysans dans l'âme, attachés à leur individualité, leurs coutumes, leurs racines, leur foyer. Et surtout, comme lui, à leur liberté.

Dès qu'ils sont à nouveau servis, Pierre reprend la parole.

« Imagine-toi que j'ai répondu à des petites annonces !

— Pour l'appartement ?

— Mais non, à celles du *Nouvel Obs*, de la rubrique « Particuliers », pour chercher quelqu'un ! »

Quelque chose, qu'en un autre temps on appellerait l'honneur mais qui n'est probablement que l'amour-propre, se soulève en elle et se révolte. Il est avec elle et il faut encore qu'il s'abaisse à ce ramassage qui ne comporte même pas de courage ! Draguer dans la rue fait au moins courir le risque d'une gifle. Là tout est mâché, vomi.

Mais à quoi bon le lui faire remarquer. Il la traitera de prude, d'arriérée, d'effarouchée. Et de jalouse. L'est-elle ?

« Qu'en est-il résulté ?

— J'ai obtenu plusieurs rendez-vous.

— Tu as vu les filles ?

— Oui. Dans l'ensemble, c'est sans intérêt. Sauf une.

— Ah ! oui ?

— Son annonce m'avait paru marrante. Elle disait chercher quelqu'un auquel elle avait envie de faire un beau cadeau : elle-même ! Je me suis demandé ce que ça pouvait être qu'un numéro pareil, une fille aussi sûre d'elle ! (Encore plus sûre d'elle que tu n'es sûr de toi, pense Isabelle, c'est ça qui t'a agacé et tu as dû faire tout ce qu'il faut pour le lui faire payer, la détruire !) Je lui ai répondu par une lettre plutôt ironique... Par la suite, elle m'a dit que c'est le ton de ma lettre qui l'a décidée. Il faut que je te la fasse lire, j'en ai gardé le double. Assez réussie, tu verras, ça va t'amuser...

— Et puis ?

— On s'est vus, mais ça n'a pas duré. Au fond je suis trop fort pour elle, et elle n'a pas voulu donner suite. Aucune importance. J'en trouverai d'autres. La prochaine fois, c'est moi qui passe une annonce. Je l'ai déjà rédigée dans ma tête : « Homme à « peine argenté — c'est à double sens, je pense « qu'on comprendra ! —, n'ayant que son envie « de réussir et de découvrir autrui à offrir, cher- « che femme même espèce pour faire un court « instant le bonheur de sa vie... » Qu'en penses-tu ? »

Isabelle le regarde avec un sourire devenu aussi perpétuel que la lampe de l'Adoration qui rougeoie nuit et jour au fond des églises.

Et elle ne trouve rien, rien à lui répondre.

Elle est seulement contente, infiniment contente d'une chose : Pierre vient de lui raconter une histoire qui, il y a encore quelques semaines, l'aurait jetée dans les affres du désespoir, tout autant scandalisée que s'il lui avait avoué avoir pris part à une partouze. Or, elle a le sentiment, après un bref éclair de douleur, de ne rien éprouver. Comme si elle était cuirassée, désormais. Désensibilisée.

Elle a fait un pas de côté.

Mais si elle ne souffre plus, elle a quand même envie de mordre.

« Moi aussi, il m'est arrivé quelque chose.

— Quoi donc, mon petit ?

— Je suis allée voir Annick.

— Tiens, pour quoi faire ?

— Pour connaître les femmes auxquelles tu t'intéresses...
— Tu aurais pu trouver mieux !
— Pourquoi dis-tu ça ? Elle est bien, et même belle à sa façon.
— Tu me redonnes du goût pour elle, je vais peut-être retourner faire un tour de son côté. »
La pierre au fond de sa poitrine.
« J'ai couché avec elle, dit-elle.
— Toi ? »
Il a l'air vraiment étonné, un peu sourcilleux.
« Oui.
— Ça t'a plu ?
— Non, enfin je veux dire que ça ne m'a rien fait.
— Vous comptez recommencer ?
— Je ne crois pas.
— Et elle, tu crois que ça lui a plu ? J'ai toujours pensé qu'elle était un peu homosexuelle, grande comme elle est, elle a des poils aux jambes, tu as remarqué ?
— Tu sais, j'ai fait ça comme ça.
— Pour me rendre jaloux ?
— Pour savoir ce que tu ressens quand tu es avec une femme.
— Oui, mais moi je suis un homme, pas une femme. Ça ne peut pas être pareil.
— C'est ce que je me suis dit. N'empêche que je ne suis plus jalouse, ça m'est devenu égal. »
Pierre ne sait trop ce qu'il doit penser. Il termine lentement son apéritif, puis prend un air sévère, presque paternel.
« Je suis content que tu m'aies raconté ça, c'est un bon début. Il faut désormais qu'on se dise tout ce qu'on fait et tout ce qu'on a envie de faire. C'est comme ça que ça doit être entre nous, tu ne penses pas ? J'ai l'intention de gagner beaucoup

d'argent, je sens que ça va marcher maintenant, je tiens le bon bout. Je t'offrirai tout ce que tu voudras, des perles, du vison, tu aimes le vison ?

— Oui. »

C'est vrai.

D'une certaine façon, tout est vrai.

A nouveau Pierre se penche vers elle et l'embrasse sur la bouche.

Derrière son comptoir, le garçon, qui feint d'essuyer quelques verres, se dit que ces deux-là en tiennent vraiment très fort l'un pour l'autre et qu'il aimerait bien être une petite souris quand ils vont se retrouver tout à l'heure dans un lit.

« Sortons », dit Pierre à Isabelle.

Ça y est, se dit le garçon, je l'aurais juré, ils vont au lit.

Pierre entraîne sa « femme » dans les rues du quartier. La rue de la Fidélité — par un curieux jeu d'association — débouche dans la rue de Paradis, non loin du passage du Désir.

Maintenant qu'ils ont fait halte dans la rue de la Fidélité, il est normal qu'ils remontent la rue de Paradis, Isabelle en est-elle d'accord ?

« Oui, dit Isabelle, oui. »

Elle se serre contre lui et ne comprend pas comment elle peut encore jouir aussi bien, aussi totalement de son contact, alors que, d'une certaine façon, elle le tient pour un gougnaffier.

Ils commencent à descendre la rue de Paradis, Pierre s'arrête à chaque boutique de porcelaine, de verrerie et d'argenterie pour y découvrir ce qu'ils aiment et qu'ils mettront dans leur future maison, leur duplex à double entrée.

Jamais Isabelle ne s'est sentie aussi calme. Il lui semble que sa vie entière est réduite à ces quelques heures.

Pierre l'emmène ensuite dans un petit square

qu'il connaît, où jouent des enfants. Ils regarde les enfants d'un air chargé de sens — mais sans rien dire. Il n'a jamais parlé « enfants » à Isabelle, en ayant déjà deux de son premier mariage, qu'il voit fort peu, ce dont il se sent parfois coupable.

Mais il n'a pas trop de temps, pense-t-il, à consacrer aux enfants au moment où il veut reconstruire sa vie. On verra plus tard.

Si ceux-là sont devenus trop grands et n'ont plus besoin de lui, il en fera d'autres.

Pour l'instant, ça n'est pas d'une mère de famille qu'il a besoin, c'est d'une femme tout à lui, vers laquelle il pourra toujours revenir quand les femmes qui ne sont pas « tout à lui » commenceront à se dérober.

Ou quand il en a assez de l'une ou de l'autre.

C'est pour ça qu'il a besoin d'Isabelle. Elle est son champ, son tout, son atmosphère, en somme sa femme.

Au point qu'il observe avec indulgence les petits défauts physiques de sa compagne qui d'ordinaire l'agacent. Ces légères ridules au coin des yeux, les peaux claires se fanent vite. Il faut le savoir. Il y a aussi cette dent poussée de travers qui semble toujours sortir un peu de la lèvre, même fermée. Et puis les hanches si larges, qu'il aime pourtant flatter de la main.

« Ton cul, ton beau cul, bientôt je vais rendre visite à ton cul ! »

Isabelle se laisse faire. Quelque chose est définitivement réglé. En place. Ce qui fait qu'elle lâche la bride.

S'abandonne à l'idée qu'elle va dormir près de lui, comme dans la complainte du petit savetier, toutes les nuits jusqu'à la fin du monde. Manger près de lui. Respirer le même air que lui.

L'attendre quand il n'est pas là.

C'est de cela qu'elle a tant souffert, elle s'en aperçoit maintenant : elle n'était jamais sûre qu'il reviendrait.

Du coup ses absences, les « trous » dans ses emplois du temps, étaient autant de menaces par lesquelles sa vie s'enfuyait. Hémorragie qui la laissait faible, épuisée, incapable d'être vraiment satisfaite quand elle le retrouvait.

Juste bonne à réclamer — ce qui n'arrangeait pas leurs rapports — : « Rends-moi mon sang ! »

Un homme et une femme qui s'aiment vraiment finissent par avoir des réseaux sanguins communicants. C'est pour cela qu'ils supportent de se séparer. Ils continuent — même éloignés — de se soutenir et se nourrir l'un l'autre.

C'est même une jouissance, quand on s'aime, de s'apercevoir qu'on vit si bien l'absence, cela signifie qu'on est devenu un couple, et que l'absence n'a plus de prise.

Isabelle regarde les passants, cette femme qui arbore un air accablé, elle a envie de l'arrêter sur son chemin et de lui dire : « C'est tout simple, l'amour, je vais vous dire... »

« Je vois venir le moment — dit Pierre qui la force à stopper et la retient les bras en croix contre le montant d'une devanture, yeux dans les yeux —, où je n'aurai plus besoin que de toi ! »

Il la devine comme s'il l'aimait.

C'est ce qui fait qu'elle a tant de mal à le tenir à distance : tout se passe toujours comme s'il l'aimait pour de bon, et même quand elle a la preuve du contraire, la voilà qui se dit encore : « Mais il m'aime, le pauvre, il m'aime sans le savoir ! »

Pierre lâche un de ses bras et passe prestement la main sous sa jupe.

Elle est un peu gênée mais apprécie qu'il soit si sexuel. Elle ne se demande pas s'il se comporte de la même façon avec les autres. Elle sait.

Le couple débouche sur les boulevards où règne une tout autre ambiance. Ils sont moins seuls, soudain, confrontés au va-et-vient de tous les autres, obligés d'y frayer leur chemin.

Dès qu'il est dans une foule, Pierre reprend son regard scrutateur, il lui faut rivaliser avec les autres hommes en dévisageant toutes les femmes comme pour s'en emparer avant eux par le regard.

Isabelle perçoit son manège parce qu'elle perçoit tout de lui. Comme lui d'elle. Mais cela ne la fait plus souffrir.

Elle imagine qu'il lui dise : « Attends-moi sur ce banc, je monte un instant dans un hôtel avec cette blonde qui passe. »

Elle le ferait, elle en est sûre. Et même dans la sérénité, répondant à ceux qui l'interrogeraient sur ce qu'elle fait là : « J'attends mon amant qui est monté avec une femme. »

Elle l'accompagnerait s'il lui demandait de l'accompagner.

Mais ça n'est pas ce qu'il lui demande :

« Avec tout ça, je laisse le temps passer ! C'est que j'ai un rendez-vous, moi ! »

Tiens, il a un rendez-vous...

C'est bien lui.

Il donne toujours le sentiment qu'il a le temps entier à votre disposition alors qu'on l'attend ailleurs et qu'il le sait depuis la première minute.

« Et toi, que fais-tu maintenant ?

— Rien. »

Elle se sent vacante.

« Voilà ce que je te propose : tu rentres chez toi bien sagement, tu te reposes, travailles, et moi je te rejoins ce soir. Pas trop tôt, ne m'attends pas avant minuit, j'ai un dîner qui d'ailleurs ne m'amuse pas. »

Ses dîners ne l'amusent jamais d'avance, Isabelle le sait, surtout ceux qui se terminent tard.

Le lendemain, il lui arrive de lui avouer qu'il s'est somme toute bien diverti.

Mais quand il en parle avant, sortir l'ennuie toujours.

« Avec qui ? » dit machinalement Isabelle.

Il la gronde du doigt.

« Allons, madame la curieuse, je sais bien qu'on doit tout se dire désormais, mais vous savez aussi que je n'aime pas parler des choses « avant », cela me gâche le plaisir. Comme lorsque j'étais petit et que mes parents voulaient tout savoir de moi. Maintenant je suis « grand » et je vous dirai ce que j'ai fait « après ». Ce soir ou demain. »

Il se rapproche d'elle, l'enlace, lui chuchote dans le cou : « mon amour ».

Il est sincère, heureux de l'être. La vie est belle et il domine la vie.

L'homme hèle un taxi — il y a toujours des taxis qui passent au moment poignant des histoires d'amour —, il y fait monter Isabelle, embrasse l'intérieur de son poignet, vérifie, en fermant la portière, que sa jupe n'est pas coincée, donne lui-même au chauffeur, en galant homme, l'adresse où il faut conduire « Madame », et après un dernier signe de la main, un dernier baiser envoyé, s'engouffre quant à lui dans le métro.

Isabelle se laisse aller contre les coussins.

Elle n'est pas lasse, elle se sent bien.

Comme une reine.

Est-ce cela qu'on appelle être une femme, une femme vraiment féminine, qui appartient à un homme ?

Elle répond gaiement aux remarques du chauffeur sur le beau temps qui arrive enfin. Jusque-là, on n'a pas eu de vrai printemps, mais aujourd'hui on sent dans l'air que l'été est en marche.

Il lui demande quel chemin elle désire qu'il emprunte.

Elle lui dit que ça lui est égal, qu'il fasse à son gré, tous les chemins sont bons pour elle.

Elle le fait s'arrêter au croisement avant sa maison, près du fleuriste, parce qu'elle veut acheter quelques fleurs.

Depuis longtemps elle ne s'est pas sentie aussi légère, les jambes frémissantes comme au temps de son adolescence.

Elle choisit de grimper l'escalier à pied, dédaignant l'ascenseur, peut-être parce que Pierre, sans qu'elle s'en souvienne à ce moment-là, lorsqu'il est pressé de monter chez elle pour la « percer », l'« enfiler », comme il aime à l'en menacer, grimpe dans ces cas-là l'escalier quatre à quatre, fait la course avec l'ascenseur où elle a pris place, gagne d'une foulée, juste à temps pour lui ouvrir la porte grillagée avec un profond salut, l'enlace, encore essoufflé, et fait mine de la sauter sur le palier, avant qu'elle ait trouvé sa clef et ouvert sa porte.

Isabelle ne monte pas quatre à quatre, mais lestement, la figure enfouie dans son bouquet de jonquilles et de marguerites, un bouquet jaune comme elle l'a voulu, aux couleurs du soleil neuf.

Arrivée chez elle, Isabelle pose son sac et son manteau à leur place accoutumée.

Mais plus rien n'est pareil.

Un petit serpent court sous tous ses gestes.

Devant la glace, elle s'arrête pour contempler son visage. Lisse, tendu comme il ne l'a pas été depuis longtemps.

Elle pense que son miroir, le pauvre, a bien le droit de la voir enfin ainsi.

Elle tire les rideaux, ouvre la fenêtre, monte sur le balcon. Son appartement est haut perché, et les toits de Paris déroulent sous ses yeux leur mélodie gris bleuté, dans la diversité civilisée de leur enchevêtrement aussi inextricable et mouvant que toutes les vies qui s'y logent.

La femme se penche sur la rue, regarde le chemin par lequel l'homme va arriver, après son dîner, pour la rejoindre.

Car il ne manquera pas à sa promesse, elle le sait, il a dit qu'il serait là à minuit, pas plus tard, il sera là.

Une vie nouvelle commencera alors pour eux deux. Une vie qu'elle a totalement acceptée et qui ne peut plus lui faire de mal.

Elle se penche encore davantage.

Maintenant qu'elle ne l'aime plus.

DU MÊME AUTEUR

Les Écrivains en personne, Julliard (1960).
Mourir à Madrid, Seghers (1963).
Alphabêtes, Fleurus (1970).
Un Anniversaire chez les Dragons, Denoël (1973).
Un Été sans histoire, Mercure de France (1973).
Je m'amuse et je t'aime, Gallimard (1974).
Une Promenade au cœur des choses, Pauvert (1974).
Grands cris dans la nuit du couple, Gallimard (1976).
La Jalousie, Fayard (1977).
Compte-bêtes, Robert Jauze (1977).
Attention au loup ! Robert Jauze (1978).
Une Femme en exil, Grasset (1978).
Divine Passion, Grasset (1981).

Composition réalisée par COMPOFAC - PARIS

IMPRIMÉ EN FRANCE PAR BRODARD ET TAUPIN
7, bd Romain-Rolland - Montrouge - Usine de La Flèche.
LIBRAIRIE GÉNÉRALE FRANÇAISE - 14, rue de l'Ancienne-Comédie - Paris.
ISBN : 2 - 253 - 03216 - 6

30/5773/4